배우
어떻게
되었을까
?

꿈을 이룬 사람들의 생생한 직업 이야기 15편

배우 어떻게 되었을까?

1판 5쇄 펴냄 2023년 12월 15일

펴낸곳	㈜캠퍼스멘토
저자	한상임
책임 편집	이동준 · 북커북
디자인	㈜엔투디
커머스	이동준 · 신숙진 · 김지수 · 김연정 · 강덕우 · 박지원 · 송나래
교육운영	문태준 · 이동훈 · 박홍수 · 조용근 · 정훈모 · 송정민
콘텐츠	오승훈 · 이경태 · 이사라 · 박민아 · 국회진 · 윤혜원 · ㈜모야컴퍼니
관리	김동욱 · 지재우 · 윤영재 · 임철규 · 최영혜 · 이석기
발행인	안광배

주소	서울시 서초구 강남대로 557 (잠원동, 성한빌딩) 9층 (주)캠퍼스멘토
출판등록	제 2012-000207
구입문의	(02) 333-5966
팩스	(02) 3785-0901
홈페이지	http://www.campusmentor.org

ISBN 978-89-97826-19-3 (43680)

ⓒ 한상임 2017

· 인터뷰 및 저자 참여 문의 : 이동준 dj@camtor.co.kr

현직
배우들을
통해 알아보는
리얼 직업
이야기

배우
어떻게

How to become Actor and Actress?

되었을까?

CampusMentor
캠퍼스멘토

" 도움을 주신 배우들을 소개합니다 "

뮤지컬·연극배우
김현숙

- 연극
  〈잔치〉, 〈타클라마칸〉, 〈사천사는 착한 사람〉,
  〈둥둥낙랑둥〉, 〈봄이 오면 산에 들에〉, 〈산불〉
- 뮤지컬
  〈모차르트〉, 〈맨 오브 라만차〉, 〈레미제라블〉, 〈엘리자벳〉,
  〈뉴 씨저스패밀리〉, 〈올슉엄〉, 〈로미오 앤 줄리엣〉,
  〈쥼데렐라〉, 〈빙고〉, 〈미스사이공〉, 〈명성황후〉, 〈피핀〉,
  〈터널〉, 〈페임〉, 〈마네킹〉, 〈브로드웨이 42번가〉,
  〈더 라이프〉

영화배우·탤런트
박철민

- 드라마
  〈불멸의 이순신〉, 〈봄날〉, 〈한성별곡〉, 〈뉴하트〉, 〈베토벤
  바이러스〉, 〈돌아온 일지매〉, 〈아테나 : 전쟁의 여신〉,
  〈구암 허준〉, 〈돌아와요 아저씨〉, 〈구르미 그린 달빛〉 외
  다수
- 영화
  〈꽃잎〉, 〈만고건달〉, 〈불후의 명작〉, 〈목포는 항구다〉,
  〈역도산〉, 〈혈의 누〉, 〈김관장 대 김관장 대 김관장〉,
  〈화려한 휴가〉, 〈스카우트〉, 〈시라노 : 연애조작단〉,
  〈위험한 상견례〉, 〈7광구〉, 〈코리아〉, 〈또 하나의 약속〉,
  〈해적 : 바다로 간 스님〉, 〈어느 날 첫 사랑이 쳐들어왔
  다〉, 〈조선마술사〉, 〈인천상륙작전〉, 〈히야〉, 〈커튼콜〉,
  〈재심〉, 〈아이 캔 스피크〉 외 다수
- 연극
  〈늘근도둑 이야기〉, 〈그와 그녀의 목요일〉, 〈세상에서
  가장 아름다운 이별〉 외 다수

영화·연극배우
오용

- 연극
  〈신인류의 백분토론〉, 〈인간〉, 〈나와 할아버지〉 외 다수
- 드라마
  〈파랑새의 집〉, 〈참 좋은 시절〉, 〈직장의 신〉, 〈더 바이러스〉
  외 다수
- 영화
  〈내가 살인범이다〉 외 다수

뮤지컬 배우
이승조

- 드라마

  〈모히또〉, 〈퍼펙트센스〉
- 영화

  〈촌능력전쟁〉, 〈전라도의 시〉, 〈까페서울〉, 〈로닌 팝〉,

  〈주문진〉, 〈그리울 련〉
- 뮤지컬

  〈그 사랑〉, 〈호오이스토리〉, 〈모차르트 오페라 락〉, 〈맘마미

  아〉, 〈정난주〉, 〈갬블러〉, 〈파우스트〉, 〈카르멘〉, 〈아빠의 노

  래〉, 〈브레맨음악대〉 외 다수

탤런트
정다솔

- 드라마

  〈애타는 로맨스〉, 〈엽기적인 그녀〉, 〈처용 2〉, 〈별난 며

  느리〉, 〈백년의 유산〉, 〈꽃보다 남자〉 외 다수

탤런트
한지우

- 드라마

  〈엽기적인그녀〉, 〈피고인〉, 〈이름없는 여자〉,

  〈밤을 걷는 선비〉, 〈우리가 사랑할 수 있을까〉,

  〈지성이면 감천〉 외 다수

이 책의 구성

Chapter 2

배우의 생생 경험담

Chapter 3

예비 배우 아카데미

CHAPTER

| 1 |

배우,

어떻게
되었을까
?

배우란?

배우는

극본의 인물을 소화하고 연기하는 사람을 말한다. 방송드라마, 영화 제작 또는 무대 공연을 위해서 희곡(대본)을 읽고 극중인물을 분석한다. 배역을 맡기 위해 오디션을 본다. 배역의 성격, 언어, 특징 등을 연구한 후 대사를 암기하고 행동이나 표정 등을 연습한다. 관객 또는 카메라 앞에서 상대 배우들과 호흡을 맞추며 연기한다. 가수, MC 등 장르를 뛰어넘어 다양한 분야에서 활동하는 경우도 많다.

*출처: 한국고용정보원 워크넷

배우의 분류

활동 분야에 따라 여러 종류로 나뉘며 영화배우, 연극배우, 탤런트(talent), 뮤지컬 배우 등으로 불린다. TV드라마, 영화, 웹콘텐츠 등 매체를 통해 연기를 선보이는 영화배우·탤런트, 대중들 앞에서 직접 연기를 선보이는 연극배우·뮤지컬 배우 등 다양한 형태로 존재하나, 모두 극중 인물의 배역을 연기한다는 공통점이 있다.

대중 매체* 분야의 차이에 따른 연기 특성은 상당히 다른데, 연극배우와 뮤지컬 배우는 일반적으로 유연하면서도 훈련된 음성과 상징적인 동작의 전문가여야 한다. 관객에게 몸 전체를 보이므로 자신의 신체를 정확하게 통제할 수 있어야 하며, 배역에 따라 미세한 동작 차이와 대사 뉘앙스를 표현할 수 있어야 한다.

영화배우, 탤런트는 연극과 달리 음성이나 신체의 구애를 덜 받으며, 양식적인 연기 대신 사실주의적 연기를 할 수 있어야 한다. 카메라를 통해 근접 촬영이 가능하기 때문에 특히 표정이 중요한데, 자신의 사고와 감정이 얼굴에 나타나도록 하는 연기가 필수적이다. 영화 관객과 TV 시청자 등 콘텐츠 소비자는 배우의 얼굴을 관찰하며 사건의 전개를 이해하려는 경향이 있기 때문이다.

잠깐!) '대중 매체'란?

대중 매체는 신문, 라디오, 텔레비전, 인터넷 등 대중에게 같은 정보를 대량으로 동시에 전달하는 수단이다. 신문, 잡지, 라디오, 텔레비전 등 기존의 대중매체는 정보의 생산자와 소비자가 명확하게 구분되며, 생산자로부터 소비자에게 일방향 의사소통이 이루어진다. 따라서 대중이 정보를 수동적으로 받아들이기 쉽다는 특징이 있다. 반면, 전통적 대중매체와 달리 쌍방향 의사소통이 가능한 인터넷, 이동 통신 등은 새로운 대중 매체라는 뜻에서 '뉴미디어'라고 불린다. 대중이 정보의 소비자뿐만 아니라 생산자의 역할을 한다. 요즘은 다양한 대중 매체가 형태나 기능 면에서 융합되고 있어 매체 간의 경계가 모호해지고 있다.

배우가 하는 일

　배우는 배역이 결정되어 작품 출연이 확정되면 인물의 캐릭터를 분석하고, 연출자 및 감독, 작가 등과 논의하여 극중 인물에 맞는 표정, 행동, 대사 톤 등을 설정한다. 인물의 성격을 잘 표현할 수 있는 의상, 소품, 분장 등을 담당자와 협의하며 대본 연습, 리허설 등을 통해 함께 출연하는 배우와 호흡을 맞추고 자신의 대사를 암기한 후 촬영 혹은 공연에 들어간다. 연극배우, 뮤지컬 배우 등은 무대에서 즉석 공연을 해야 하므로 철저한 리허설을 통해 인물과 극의 흐름을 완벽히 소화해야 한다. 또한, 극에 필요한 노래, 무용, 격투 등을 별도로 연습해 연기 준비를 한다. 대본 암기, 극중 인물에의 몰입, 관객이나 시청자의 반응 등에 스트레스를 받을 수 있다. 촬영이나 쇼를 위해 지방이나 해외를 다니거나, 좋지 않은 기상 상황에서 촬영해야 할 때도 있다. 때로는 밤샘 촬영도 해야 한다. 연극공연은 대부분 평일 저녁이나 주말에 있으며, 순회공연을 위해서 장기간에 걸쳐 여러 도시를 다니기도 한다.

*출처: 한국고용정보원 워크넷

· **대본을 암기한다.**
　연극이나, 영화, 드라마 등에 캐스팅되어 배역이 결정되면, 극중 인물의 성격을 파악하여 표정이나 행동을 연습하고 대본을 암기한다.

· **준비한다.**
　상대 연기자와 조화를 이루기 위해 촬영이나 공연에 앞서 사전 대본 연습을 하며, 인물의 성격을 잘 표현할 수 있는 의상, 소품, 분장 등을 담당자와 협의하여 준비한다.

· **보여준다.**
　대본과 감독의 연출에 따라 액션을 취한다. 연극배우는 제한된 무대에서 관객을 상대로 연기를 하며, 영화배우와 TV 탤런트는 공간과 시간의 제약 없이 다양한 모습을 스크린과 TV를 통해 연기로 보여준다.

배우의 자격 요건

– 배우는 어떤 특성을 가진 사람들에게 적합할까?

· 연기자는 배역에 대한 분석력, 창의력, 연기력이 필요하다.

· 다양한 배역을 소화해내기 위해 음악, 무용, 미술은 물론 풍부한 예술 지식이 필요하다.

· 인간과 사회에 대한 공부를 통해 표현력을 기르는 과정도 중요하다.

· 다른 연기자, 스태프와의 원활한 대인관계가 필요하다.

· 자신의 연기를 지속적으로 모니터링하며 다양한 배역을 소화할 수 있는 능력이 필요하다.

· 자신의 외모가 어떤 특징이 있고, 어떤 점에서 매력적인지 파악하는 것이 중요하다.

· 외적인 매력뿐만 아니라 끼, 자신감, 열정, 성실, 근성 등의 내적 에너지를 갖고 끊임없이 노력할 수 있어야 한다.

배우와 관련된 특성

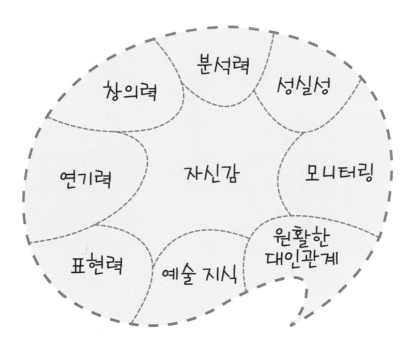

창의력   분석력   성실성
연기력   자신감   모니터링
표현력   예술 지식   원활한 대인관계

무엇과도 바꿀 수 없는 열정이 있나요?

TV와 영화에 나오는 화려한 스타의 모습이 부러워 배우가 되고 싶은지, 평생 대사 한마디 없이 무대에 선다고 해도 배우가 되고 싶은지 곰곰이 생각해보세요. 회사에 들어간다고 가정해봅시다. 회사의 임원이 되는 사람은 극소수이고, 회장은 단 한 사람이죠. 많은 사람은 평범한 사원이나 과장, 부장으로 회사 생활을 마칠 거예요. 배우도 마찬가지죠. 저 같은 조연이 되기 전에 사라져간 셀 수 없이 많은 배우가 있습니다. 화려한 순간을 맞이하기까지 긴 기다림의 시간이 있는데, 대중의 주목을 받지 못하고, 무대에서, 카메라 앞에서 대사 없는 엑스트라라도 행복할 만큼 연기를 사랑하는지 스스로 물어보세요. 그 답을 알게 될 때 결정해도 늦지 않습니다.

자신감과 자존감이 꼭 필요합니다.

배우는 사람들에게 보이는 직업이지만, 그렇기 때문에 자기 자신을 아는 것이 가장 중요합니다. 먼저 자신의 능력과 역량이 어디까지인지 알아야 해요. 능력에 따라 맡을 수 있는 역할이 달라지기도 하고, '열심히 하겠습니다'보다는 '잘 하겠습니다'가 더 통하는 곳이에요. 나보다 열심히 하지 않는 것 같아 보이는데 끼와 재능을 타고나서 더 잘하는 사람들이 있기 마련입니다. 그럴 때 자존감이 있다면 끝까지 노력하며 나아갈 수 있을 거예요.

자기와의 약속을 지키는 것이 가장 중요합니다.

제가 배우 생활을 하면서 다른 사람과의 약속보다 더 지키기 어려운 게 자기와의 약속이었어요. 우리는 자신에게 관대합니다. 하지만 배우는 그래서는 안 됩니다. 배우는 영원히 꿈을 향해 가는 사람이에요. 꿈으로 가는 과정에서 일이 잘 풀리지 않을 때나 권태기가 올 때, 마음 관리를 잘 해야 합니다. 그리고 트레이닝도 자기와의 약속이죠. 끊임없이 연습하고 발전해야 하니까요. 공연이나 촬영 모두 다른 사람들과 함께 만들어 가는 일이기 때문에 시간 엄수도 필수입니다.

자신을 사랑하고 믿어야 해요.

연기하는 배우란 직업은 자신을 사랑하지 않으면 못 한다고 생각해요. 내가 나를 믿지 못하면 누구도 믿지 못하거든요. 연출가가 제게 잘한다고 하더라도, 정말 이 연기를 잘하고 있는건지 제가 판단할 수가 없기 때문에 자신을 믿지 못하면 연출가의 평가도 믿을 수가 없죠. 계속 '잘하고 있다'고 스스로 격려하며, 나에 대해 더 단단하게 쌓아가는 시간이 충분히 준비되어야 합니다.

**안 되면 내 탓, 잘 되면 남 탓을 하며
끝까지 버틸 힘이 필요해요.**

배우 생활을 시작하며 잘 되면 내 탓, 잘못되면 남 탓을 하다 결국 그만둔 친구들을 많이 봤습니다. 감독이나 스태프, 현장이 본인과 안 맞다는 등의 핑계를 대곤 하죠. 하지만 결국 잘 되는 친구들은 부족한 점이 있다면 '제가 더 열심히 할게요.'라고 하고, 잘된 일이 있을 땐 '덕분에 잘됐습니다'라고 겸손하게 진심으로 감사를 표현하죠. 그럼 주변 분들도 계속 기회를 주려 하시고 응원해주신답니다. 배우라는 일은 끝까지 버티는 사람이 이긴다고 생각해요. 저도 자신을 내려놓고 꾸준히 버텨보려고 합니다.

원활한 소통 능력과 열린 마음가짐이 있어야 해요.

배우의 성향은 한 가지로 정해져 있지 않고 굉장히 다양합니다. 외로움을 많이 타고, 낯을 가리기도 하고, 내성적이지만 굉장히 연기를 잘하는 분도 계시고, 현장에 가면 정말 특이한 캐릭터를 가지고 있는 분도 있고요. 이렇게 다양한 사람들이 모여서 하나의 그림이 되고, 하나의 작품을 완성하는 거랍니다. 그래서 다른 사람과 원활하게 소통할 수 있다면 편하게 일할 수 있는 환경을 만들 수 있겠죠? 맡은 배역의 캐릭터를 받아들여야 하는 부분도 있으니 마음을 열고, 완만하게 접근할 수 있다면 그 인물을 표현하는 데 더 도움이 될 것입니다.

내가 생각하고 있는 배우의
자격 요건을 적어 보세요!

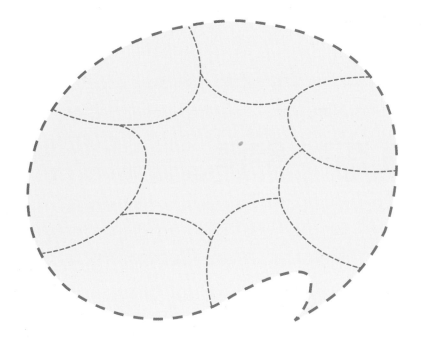

배우가 되는 과정

배우가 되기 위한 조건에 학력이나 전공 등의 제약은 없다. 그러나 배우는 무엇보다 연기력이 뒷받침되어야 하므로 예술고등학교나 대학에서 연기를 전공하거나, 사설 교육기관의 연기자 양성과정에서 훈련을 받고 진출하는 사람이 많다. 대학의 관련 학과에서는 연기에 필요한 발성, 동작, 대사 훈련과 연기 실습 등을 하며, 영화, 연극, TV 드라마 등의 제작 과정에 대해서도 공부한다. 대학에서 연기 동아리 활동 등으로 연기 경험을 쌓기도 한다.

정규 교육과정

■ 연기자가 되기 위해서는 2, 3년제 전문대학교 및 4년제 대학교에서 연극영화과, 연기과, 방송연예과 등을 전공하면 유리하다. 대학의 연기 관련 학과에서는 연기의 기본 이론 등을 배우며, 연기에 필요한 화술 및 연기, 동작, 대사 훈련, 발성과 호흡, 연기 실습 등을 훈련할 수 있다.

전문학원

■ 각 방송국의 부설 방송아카데미 예술원과 사설 연기학원 등에서 연기자 과정을 수시로 개설하여 교육하고 있다.

오디션 및 캐스팅

■ 영화배우는 영화사에서 실시하는 신인 배우 공개 오디션을 보거나, 기획사 혹은 사설 연기학원의 추천을 통해 지원하거나, 자신이 직접 프로필과 사진 등을 영화사, 기획사 등에 보내 오디션을 거쳐 영화에 출연하기도 한다. 오디션에서는 맡은 배역에 관해 오디션을 보거나, 연기자가 지녀야 할 잠재력과 소질, 끼를 테스트한다. 보통 즉석 연기와 개인기 심사, 카메라 테스트 등의 시험을 치른다. 연극, CF, 잡지 모델 등의 활동 경험으로 캐스팅되기도 한다.

배우의 좋은 점·힘든 점

톡(Talk)!
박철민

| 좋은 점 |

많은 분에게 사랑받을 수 있어서 행복해요.

TV와 영화를 통해 많은 분에게 익숙해져서, 거리에서 만나면 반갑다고들 해주세요. 무명 배우일 때는 저한테 사인을 요청하거나 사진을 같이 찍자고 하는 분들이 없었는데, 지금은 마주치는 분들이 좋아해 주시고 응원해주신다는 게 참 행복해요. 식당에 가면 서비스를 좀 더 주시기도 하고요. 하하. 이런 상황은 가족이나 친구와 개인적인 시간을 보낼 때 불편하다고 생각할 수도 있지만 큰 기쁨에 비교할 바가 아니죠.

톡(Talk)!
김현숙

| 좋은 점 |

여러 사람의 인생을 살아볼 수 있는
황금 티켓이에요.

배우는 여러 사람의 인생을 살아볼 수 있는 황금 티켓을 가졌다고 하죠. 현재 삶에서 겪을 수 없는 삶을 살아볼 수 있다는 게 가장 큰 장점이라고 할 수 있겠네요. 긍정적인 역할뿐만 아니라 슬픈 역할, 악한 역할 등 다양한 역할에 몰입해 볼 수 있다는 건 설레는 일입니다.

| 좋은 점 |

에너지를 마음껏 표출할 수 있어요.

왜 배우를 하느냐고 하면, 제 대답은 '재밌어요.' 그게 전부예요. 에너지를 모두 발산할 수 있는 직업이라고 생각해요. 아내는 제게 "당신은 연극을 안 했으면 어떡할 뻔했냐"고 하곤 해요. 아내는 연극 치료사이거든요. 저는 감정을 쉽게 드러내는 편이 아니라 마음속에 여러 가지를 안고 사는 편인데, 연극을 통해 제 안에 있는 에너지를 표출하지 않았다면 삐딱해졌을 거란 생각을 해봅니다.

| 좋은 점 |

자기 관리에 철저한 생활을 하죠.

배우는 사람들한테 큰 사랑을 받는 직업인 만큼 관심을 보여주시는 점이 가장 감사하죠. 자신을 알리고, 피드백을 받으며 소통하고자 하는 마음에 많은 사람이 SNS를 하듯, 사랑을 받는 걸 싫어하는 사람은 없잖아요. 그리고 그 관심 덕분에 항상 바른 생활을 유지해야 하고, 철저히 자기 관리를 해야 하니 제 자신도 항상 노력하게 되죠.

| 좋은 점 |

아무리 힘들어도 하고 싶은 일을 할 수 있다는 기쁨이 가장 커요.

배우라는 직업을 가지고 있고, 연기를 하는 것 자체로 기쁨을 느낍니다. 하고 싶은 일을 한다는 게 얼마나 큰 축복이겠어요. 그래서 공백기가 있을 때나, 현장 분위기가 안 좋을 때 등 어떤 힘든 순간도 다 이겨낼 수 있어요. 어느 선배님이 제게 말씀하시길, 돈이 안 되더라도 본인이 좋아하는 일을 5년이든 10년이든 열심히 땅을 일구다가 빛을 보는 순간 엄청난 보람이 있다고 하시더라고요. 배우로 살면서 해볼 만한 일인 것 같아요.

| 좋은 점 |

하루하루가 지루하지 않아요.

제일 큰 장점은 매일매일 지루하지 않게 사는 거죠. 여러 작품을 통해 제가 못 살아보는 인생을 살 수 있으니까요. 또, 저는 뮤지컬 배우를 하면서 엄청 젊어졌어요. 끊임없이 트레이닝하며 자기 관리하니, 저 자신에게 큰 도움이 됐죠.

| 힘든 점 |
작품 활동을 계속 할 수 있을까
불안하기도 해요.

일이 잘 풀려서 작품을 많이 하다가도, 갑자기 작품이 끊길 수도 있다는 생각이 들면 우울하고 외로워져요. '이번 작품이 내 마지막 작품이 될지도 모르겠구나'라는 불안감은 모든 배우가 가지고 있죠. 배우는 직장을 잃는 직업은 아니지만, 연기할 작품을 오랫동안 만나지 못할 수도 있으니까요. 그리고 개인적으로는 대사 외우는 게 쉽지가 않습니다. 내 일상에서 나오는 듯한 자연스러운 대사가 되려면 완전히 제 것으로 만들어야 하는데, 그렇게 외우는 게 힘드네요.

| 힘든 점 |
맡은 역할에서 쉽게 빠져나오지
못할 땐 힘들어요.

배우는 본인이 연기하는 그 인물의 삶을 완벽하게 살아내야 합니다. 한 역할에 몰입하다 보면, 공연이 끝나거나 프로젝트가 끝날 때 빨리 그 역할에서 빠져나오지 못하는 경우가 있죠. 물론 배우이기 때문에 감내해야 하는 부분이기도 하지만, 신체적으로도 정신적으로도 참 힘듭니다. 빨리 비우고 새로운 것을 담아야 하는데, 시간이 많이 필요할 수도 있죠.

톡(Talk)!
오용

| 힘든 점 |

늘 깊이 고민해야 하는 직업입니다.

모든 인간이 생각하고, 고민하며 살아가지만 배우는 특히 힘든 것 같아요. 개인적인 생각보다는 늘 작품 안에서 생각하고 고민해야 하니 힘들죠. 작품 외의 다른 문제로 생각 전환이 잘 안 될 때는 꽉 막힌듯한 느낌이 들기도 합니다. 모든 과정이 고통의 연속인데 경제적으로 풍요롭지도 않고요.

톡(Talk)!
한지우

| 힘든 점 |

화려한 만큼의 공허함과 외로움이
몰려오기도 해요.

많은 사람에게 관심받는 게 너무 좋지만, 한편으론 그 이면에 저 자신이 없죠. 밥 먹을 때에도 조심히 먹어야 하고, 연애도 조심스럽게 해야 하는 등 자유를 누리지 못할 때가 많아요. 촬영 현장에서 스포트라이트를 받으며 수많은 카메라와 스태프에 둘러싸여 있다가 집에 혼자 있을 때면 외롭고 공허한 느낌이 파도처럼 밀려옵니다. 화려한 삶을 누리는 동시에 '나는 아무것도 아니구나'라는 외로움을 느끼는 양면을 견뎌내야 하는 점이 힘든 부분이에요.

**톡(Talk)!
정다솔**

| 힘든 점 |

주변 사람들이 배우란 직업에 대해
이해하기 어려워하죠.

　일반적인 직장 생활을 하는 등의 직업이 아니기 때문에 많은 사람이 이해를 못할 수도 있어요. 같은 이유로, 세상에 관심을 가져야 하는 직업인 배우들도 세금 문제 등 평범한 일상 속 문제에 대해 잘 모를 때도 있고요. 해당 나이에 어느 정도 수입이 평균치인지 등을 가늠하기도 어렵죠. 그래서 일반 사람들이 보기에는 이 직업이 특이하게 느껴질 수도 있어요.

**톡(Talk)!
이승조**

| 힘든 점 |

생계 때문에 직업을 포기해야 할 수도 있습니다.

　규칙적으로 정해진 월급을 받는 직업이 아니다 보니, 생계를 위해서 엄청난 노력이 필요합니다. 그 생계 때문에 직업을 포기하는 경우가 생기기도 하죠. 현실보다는 이상을 좇는 직업이기 때문이에요. 또 다른 단점이 있다면 '내가 배우다!'라는 허영심을 불어넣는 요소도 많기 때문에 자기 자신을 과대평가하게 되는 경우도 많은 직업입니다.

배우 종사 현황

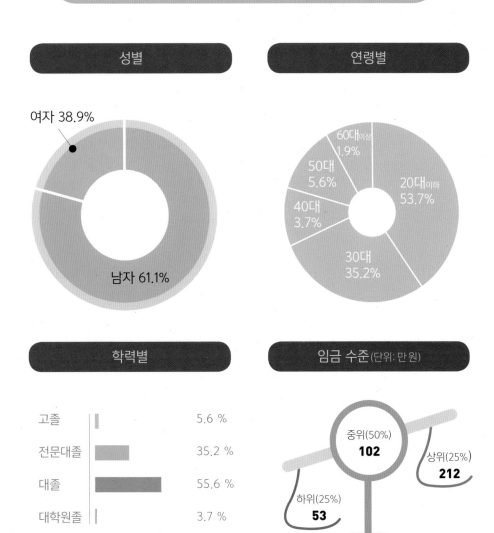

성별

여자 38.9%

남자 61.1%

연령별

60대이상 1.9%

50대 5.6%

40대 3.7%

30대 35.2%

20대이하 53.7%

학력별

고졸	5.6 %
전문대졸	35.2 %
대졸	55.6 %
대학원졸	3.7 %

임금 수준 (단위: 만 원)

중위(50%) 102

상위(25%) 212

하위(25%) 53

+ 전공학과 분포

인문계열 (14%), 사회계열 (11%), 교육계열 (1%), 공학계열 (2%), 자연계열 (2%), 의학계열 (0%), 예체능계열 (71%)

출처: 한국고용정보원 워크넷

배우의
생생
경험담

미리 보는 배우들의 커리어패스

김현숙　대학 연극과 졸업　＞　연극 〈건너가게 하소서〉 데뷔　＞　극단 미추 단원　＞　극단 신시 단원

박철민　중앙대학교 경영학 졸업　＞　극단 현장 단원 데뷔　＞　극단 아리랑 단원

오용　중앙대학교 연극학 졸업　＞　연극 〈거꾸로 가는 리어〉 데뷔　＞　극단 연우무대 객원 배우

이승조　대학교 디자인학과 (중퇴)　＞　보컬 트레이닝　＞　뮤지컬 〈맘마미아〉 데뷔

정다솔　서울예술대학교 연기과 졸업　＞　드라마 〈태양의 여자〉 데뷔

한지우　미스코리아 중국 진(眞)　＞　CCTV 드라마 중국 데뷔

송원대 뮤지컬과 졸업 / 한양대학교
연극영화학과 학사 졸업 / 한양대학교
대학원 연극영화학과 석사 연극실기전공

프리랜서
뮤지컬 배우

엔엠에스미디어 소속
뮤지컬 배우

더피움 소속 배우

KBS 연기대상 남자조연상,
MBC 연기대상 조연배우부문 황금연기상 외 다수 수상

극단 차이무 단원

서울 공연예술제
신인연기상

스타빌리지엔터테인먼트
소속 배우

대학교 실용음악과 졸업

프리랜서 뮤지컬 배우

세번걸이엔터테인먼트 소속 배우

대한민국문화연예대상
드라마부문 신인상

드라마 <정글피쉬> 한국 데뷔

매그넘엔터테인먼트 소속 배우

어렸을 적 가족과 마당놀이 공연을 보고 한눈에 반했다. 선비 의상을 입고 턱을 들고 배를 내밀고 있으면 남자 목소리가 나오고, 여자 저고리를 입고 여장을 하고 있으면 여자 목소리가 나오는 1인 2역이 신기해, 다양하게 변신하는 배우가 되고 싶었다. 대학에서 연극을 전공했다. 극단 '미추'에서 꿈에 그리던 마당놀이를 하게 되었다. 그러던 중 윤문식 선생님의 추천으로 뮤지컬이라는 새로운 장르에 도전하게 되었다. 꿈의 한 장면이었던 〈미스사이공〉 공연에 서기도 하고, 오디션에 계속 떨어지는 긴 슬럼프도 겪었다. 힘든 순간은 결국 끊임없이 배우며 나아갈 수 있는 원동력이 되었다. 나의 공연을 보고 감동받아 인생이 변하는 관객도 있다는 걸 알게 된 순간 배우가 되기를 참 잘했다는 생각을 했다. '배우'라는 타이틀이 부끄럽지 않은 배우를 꿈꾸며 오늘도 무대에 선다.

뮤지컬·연극배우
김현숙

● 연극

　〈잔치〉, 〈타클라마칸〉, 〈사천사는 착한 사람〉, 〈둥둥낙랑둥〉,
　〈봄이 오면 산에 들에〉, 〈산불〉

● 뮤지컬

　〈모차르트〉, 〈맨 오브 라만차〉, 〈레미제라블〉,
　〈엘리자벳〉, 〈뉴 씨저스패밀리〉, 〈올슉업〉,
　〈로미오 앤 줄리엣〉, 〈줌데렐라〉, 〈빙고〉,
　〈미스사이공〉, 〈명성황후〉, 〈피핀〉, 〈터널〉, 〈페임〉,
　〈마네킹〉, 〈브로드웨이 42번가〉, 〈더 라이프〉

배우의 스케줄

김현숙
배우의
하루

00:00~01:30
▸ 샤워 및 휴식
01:30
▸ 취침

07:00~08:00
▸ 기상 및 말씀 묵상, 세면
08:00~08:30
▸ 티타임

20:00~23:00
▸ 공연 및 뒷정리
23:00~00:00
▸ 귀가

08:30~10:00
▸ 레슨실 도착,
발성 및 워밍업
10:00~12:00
▸ 발레

15:00~16:00
▸ 대본 리딩 및 피드백 검토
17:00~19:30
▸ 분장 및 저녁 식사,
마이크 테스트, 무대 동선 다시
밟아보기, 휴식

12:00~13:30
▸ 점심 식사
13:30~15:00
▸ 극장 도착 및 독서나 음악감상

마당놀이를
동경한
어린아이

▶ 즐거운 시간을 보내며

▶ 무대에 올라

▶ 사랑하는 친구들과 함께

간단한 자기소개 부탁드립니다.

어릴 적부터 배우를 꿈꿨고, 지금도 배우의 꿈을 한 단계 한 단계 이뤄가고 있는 배우 김현숙입니다. 현재는 뮤지컬 배우로서 활동하고 있습니다. 하지만 뮤지컬 배우로 선을 긋기보다는 배우가 더 좋을 것 같네요. 배우 김현숙으로 열심히 살아가고 있습니다.

어떤 계기로 배우가 되고 싶었는지 궁금해요

초등학교 4학년 때 가족이랑 마당놀이를 보러 갔어요. 〈이춘풍전〉으로 기억하는데, 김성녀 선생님이 1인 2역을 하셨어요. 선생님이 선비 의상을 입고 턱을 들고 배를 내밀고 있으면 남자 목소리가 나오고, 여자 저고리를 입고 여장을 하고 있으면 여자 목소리가 나오는 게 너무 신기했죠. 옷을 갈아입으면 이 사람이 아까 그 사람인가 아닌가 헷갈리기도 했고요. 그때 '커서 마당놀이를 해야지!'라는 생각을 어려서부터 했고, 배우가 되고 싶었습니다. 물론 초등학교 때에는 꿈이 여러 번 바뀌니까 어른들이 좋아하는 의사나 변호사를 꿈꾸기도 했지만요.

Question 어렸을 적부터 활동적이었나요?

    굉장히 활동적이고, 뭘 해도 열심히 했어요. 워낙 지기 싫어
해서 공부도 열심히 하고요. 놀러 가거나 학교 행사가 있으면
마이크를 절대 놓지 않았어요. 아무것도 모르던 어린시절엔
그저 나서는 걸 좋아하고, 보여주고 싶어 했죠.

Question 진로를 정하는 데 가족의 영향이 있었나요?

    어머니가 워낙 무용과 음악을 좋아하셨기 때문에 저에게도 그 예술의 피가 흐르고 있던
것 같아요. 고등학교에 진학할 때 중학교 음악 선생님께서는 제가 국악예술고등학교에 가
기를 원하셨지만, 아버지께서 예술보다는 공부하기를 바라셨고 그래서 인문계 고등학교에
가게 되었습니다. 하지만 인문계고를 가서 연극반 활동을 했죠. 연극반 친구 중에 작은 극단
단원으로 들어간 친구가 있었는데, 학교수업이 끝나면 저를 데려가서 함께 연기를 배우기
로 했죠. 저도 그 때 부모님 몰래 다니느라 돈이 없으니까 극단 뒷문으로 들어가서 몰래 연
습을 지켜보고, 틈틈이 용돈으로 레슨도 받곤 했습니다. 친 언니는 제 뮤즈였어요. 시 쓰기를
좋아하던 언니에게서 영감을 얻기도 하고, 언니의 말에 용기도 얻었죠. 아버지가 반대할 때
언니가 몰래 아르바이트를 해서 번 돈으로 뮤지컬과 연극을 보여주는 등 정신적으로나 물질
적으로 많이 지원해주었습니다. 지금도 가장 큰 격려와 기도를 해주는 사람이 제 언니예요.

<잠깐! '뮤즈(Muse)'란 무엇인가요?>
그리스 로마 신화에 나오는 9명의 학문과 예술의 여신으로, 현대에 이르러서는 작가를 포함한 예술가에게
영감을 주는 존재로 묘사된다.

대학 생활은 어땠나요?

전 대학에서 연극을 전공했는데, 그 때, 은사님을 잘 만난 거 같아요. 故 박원경 교수님께 화술 등 기초를 정말 잘 배웠고, 학교가 중요한 게 아니라 가르치시는 스승님과 배우는 제자의 마인드가 중요하다는 것을 그때 알았죠. 학생 때 가장 처음 프로무대에 섰던 작품은 연예인 선교회의 〈건너가게 하소서〉였어요. 그 공연을 보시고 아버지의 마음이 움직이기 시작  했어요. 특별히 맡은 배역은 없는 앙상블이었는데, 아버지껜 그냥 파란 옷을 입은 사람이 저라고 말씀드렸죠. 작은 비중이지만 누구보다 열심히 했고, 아버지 눈엔 그 모습이 보였겠죠. '아, 내가 반대하지 말고 계속 연기할 수 있도록 해야했나?'라고 생각했다고 하시더라고요. 그 후로 정신적으로, 경제적으로 지원해주기 시작하셨어요.

Question **졸업 후 첫 극단 생활은 어떻게 시작하시게 됐나요?**

계속 마당놀이를 하고 싶었기 때문에 극단 '미추'에 들어가야겠다는 생각을 늘 했어요. 94년도 2월에 대학을 졸업하기 전에, 93년도 겨울에 마당놀이를 하는 극단 미추의 오디션을 봐서 합격했습니다. 미추에서 3년을 활동했어요. 꿈에 그리던 마당놀이를 하게 되었죠. 극단 미추에 뼈를 묻으려고, 김성예 선생님께 판소리 개인 레슨도 받고 한국무용도 계속 배웠습니다. 당시에는 제 연습 시간이 아니더라도 선배들이 아침 10시에 연습하면, 후배들도 그 시각에 가서 청소하든, 스태프를 하든 연습 시작부터 끝까지 연습실에 함께 있어야 했어요. 연습 시간 체계가 갖춰진 지금과 비교해보면 후배들에겐 굉장히 시간 낭비 같아 보이기도 하죠. 그 때 언더스터디 개념이 생긴 거예요. 메인배우가 공연을 하지 못할 때 대역으로 투입되는 배우를 언더스터디라고 합니다. 선배가 언제 어떻게 될지 모르니까 막내도 항상 모든 대사를 외우고, 연습을 해두었죠. 그 기회가 연습한 것에 비교해서는 많이 주어지진 않지만요. 지금 돌아보면 '미추'에서 참 많은 것을 배웠고 그 때처럼 열심히 했을 때가 있을까 싶네요. 그래서인지 미추는 제 친정 같은 곳이예요.

▲ 배우가 되어 참여한 마당놀이

Question 뮤지컬을 해야겠다는 생각이 든 건
언제인가요?

그러던 어느 날, 저를 딸처럼 예뻐해 주시던 윤문식 선생님께서 "현숙아, 너는 여기 남아있기보다는 뮤지컬 쪽으로 가는 게 어떠니?"라고 말씀해 주셨어요. 그 당시에는 극단 미추와 극단 신시가 가끔 함께 작업을 하곤 했어요. 덕분에 신시에서 하는 뮤지컬을 많이 볼 수 있었는데, 그때부터 제 안에서 뮤지컬을 향한 무언가 꿈틀꿈틀했죠. 최정원, 남경주 배우가 〈그리스〉의 샌디와 대니 역을 하며 뮤지컬을 활성화하던 시기였어요. 마침 극단 미추가 대학로에 있다가 장흥으로 위치를 옮기게 됐어요. 장흥은 너무 멀고, 주변에 시설도 없어서 공동체 생활을 해야 했어요. 숙박하며 트레이닝도 하고, 연말엔 단합을 위한 김장도 하고요. 안 그래도 뮤지컬을 하고 싶단 생각을 하던 차에 '이때다!' 싶어서 윤문식 선생님께서 말씀하신 극단 신시에 오디션을 보러 가게 됐어요. 그렇게 뮤지컬을 시작하게 되었고, 〈더 라이프〉라는 작품을 하게 되었습니다. 극단 신시에 3년을 있었고, 그 이후에 쭉 프리랜서로 활동하다가 지금의 기획사를 만난 건 3년 정도 됐습니다.

<미스사이공>으로
두 역할의
기쁨을
만나다

▶ 뮤지컬 공연

▶ 아버지의 마음을 움직인 작품 활동

▶ 연극 <건너가게 하소서>

▶ 마당놀이 시절

새로 시작하게 된 뮤지컬과 관련해 따로 공부하기도 했나요?

연극 전공을 하며, 은사님께 2년 동안 기초를 잘 배우기도 했고, 미주에서 훈련과 경험을 제법 쌓아놓아서 덕분에 작품 활동을 하는 게 불편하거나 어렵진 않았어요. 막내였던 탓에 선배나 연출이 "이렇게 저렇게 해봐라" 하시는 말씀에 따라가기 바빴죠. 나이가 들면서 조연급이 되고, 앙상블의 대선배도 되어보니 일찍 데뷔한 경력만 가지고 그냥 무대에 서는 건 무리가 있다는 생각이 들더라고요. 저 자신에 대해 한계를 느꼈어요. 마침 경력이 쌓이니 강사 제의도 들어오는데, 스스로 준비가 안 된 상태로 시간 때우기 강의를 하진 말아야겠다는 생각도 들었죠. '공부를 다시 시작해야겠다'고 마음먹은 게 30대 초반이었습니다. 송원대 뮤지컬과에 들어가 2년을 공부하고 졸업을 했습니다. 저는 현장에서 경험을 해보고 다시 공부를 시작했기 때문에, 오히려 큰 도움이 되었어요. 학교에서 배우는 걸 제게 어떻게 접목해야 할지 배우면서, 기존에 가지고 있던 잘못된 습관을 많이 고쳤죠. 그동안 바른 방법이라고 생각했는데 아닌 것들도 있었고요. '배움에는 끝이 없구나'라는 생각이 들었습니다. 그 후 2~3년 정도 있다가 공부를 좀 더 하고 싶어서 한양대에 편입해서 졸업을 했고, 2년 정도 작품 활동하다가 계속 배움에 대한 목마름이 있어서 용기 내어 한양대 대학원에 들어갔죠.

배우는 평소에 어떻게 연습해야 하나요?

    화술과 신체 훈련 모두 필요합니다. 대사 연습은 꼭 레슨 받는 시간 외에도 스스로 연습하는 시간을 만들어서 꾸준히 해야 한다고 생각해요. 오디션은 상황에 따라 독백을 보기도 하고, 혹은 지정 대사를 가지고 상대방과 신(scene) 연습을 시킬 때도 있어요. 자유 연기를 시키기도 하죠. 그럼 그 캐릭터와 맞는 장면이나, 독백을 준비해야 하는데, 지금도 배우들에게 지정 대사가 아닌 자유 대사로 독백을 해보라고 하면 바로 툭하고 나오는 배우는 그리 많지 않습니다. 기승전결이 잘 되어있는 독백 책(모노로그)을 많이 읽는 것도 도움이 되겠네요.

    신체 훈련도 마찬가지입니다. 배우는 무대에서 그냥 팔을 한 번 뻗더라도 '아, 이 사람, 배우구나'라는 에너지를 가지고 있어야 한다고 생각해요. 항상 준비되어 있어야 그렇게 보일 수 있겠죠. 저는 발레를 배우고 있는데, 처음에는 좋아서 시작 했다기 보다 어떤 선배의 "배우가 횟대(무용용어)도 제대로 못 돌아?"라는 말을 듣고 배우기 시작했죠. 자신과의 약속을 지키다 보니 벌써 15년째 발레를 사랑하고 있습니다. 배우는 늘 몸을 가꾸고 관리하며, 가지고 있는 능력을 개발하는 훈련을 끊임없이 해야합니다.

배우를 하며 과거의 본인과 달라진 모습이 있나요?

    저는 가진 재주가 많고, 누구보다 월등한 사람이라고 생각했었어요. 승부욕이 누구보다 강해서 실수하는 모습을 다른 사람에게 보이기도 싫어했죠. 처음 재즈댄스를 배우던 시절, 더블턴을 돌아야 하면, 실수하는 게 싫어서 몇 달 전부터 혼자 연습하던 나름 완벽주의자였습니다. 모든 걸 완벽히 해내도록 해야 한다는 강박은 오히려 안 좋은 것 같아요. 배우는 사람이고, 실수도 할 줄 알고, 실수를 보여줄 줄도 알아야 합니다. 'Shower'라는 단어를 참 좋아하는데요, 씻는다는 의미의 샤워도 있지만, 보여주는(show) 사람(-er)이 배우라고 생각해요. 자신에게서 벗어날 수 있어야 하고, 그 벗어난 모습까지도 온전히 보여줄 수 있는 사람 말이에요. 배우 자신의 지적 수준까지도요.

저는 30대 초반까지만 해도 'Shower'에 어울리는 사람이 아니었어요. 어느 날, 보컬 레슨을 받던 중에 선생님께서 "현숙아. 너는 너무 완벽주의자라서 자신의 실수를 용납하지 못해. 그러면 너는 너를 잡아둔 채로 살아갈 수밖에 없고, 항상 그 틀 안에 있게 될 거야. 벗어나야 해."라는 말씀을 해 주셨죠. 벗어나는 게 쉽지는 않았습니다. 하지만 이제는 잘 하는 것도 중요하지만, 결과를 판단하는 순간보다 과정이 더욱 중요하다는 걸 알아요. 과정은 모두 배움이니까요. 실수와 과정을 중요하게 여겨야, 어떤 결과도 받아들일 수 있는 배우가 되는 거죠.

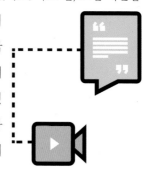

Question 배우로서 한 단계 성장할 수 있었던 작품은 무엇인가요?

뮤지컬 배우로서 '제 꿈의 한 장면'이었던 〈미스사이공〉이에요. 제 꿈은 두 가지였는데 극단 미추에서 마당놀이를 하고 싶다는 첫 번째 꿈을 이뤘고, 두 번째는 〈미스사이공〉에서 '지지' 역을 맡는 거였어요. 1999년에 브로드웨이에서 〈미스사이공〉 공연을 보면서 주인공인 '킴'이나 '엘렌'이 아니라 '지지'라는 캐릭터가 자꾸 눈에 들어오더라고요. 우리나라에서도 과연 이 작품을 하게 될 날이 올까 생각하면서 〈미스사이공〉 넘버들만 미친듯이 연습했어요. 7년 후, 2006년에 〈미스사이공〉 공개 오디션 공고가 드디어 뜬 거예요. 결국 초연 때 '지지' 역할을 맡게 되어 제 두 번째 꿈이 이루어졌습니다.

'지지' 역할을 준비하며 참 열심히 몸을 만들었습니다. 오전 9시 반에 발레를 하고, 성남에서 〈미스사이공〉 연습을 하고, 저녁 7시에 발레 수업을 또 듣고, 저녁 9시에 다시 성남에 가서 '엘렌'역 커버 연습을 했어요. 저는 '지지' 역할이기도 했지만, 주인공인 '엘렌' 역의 첫 번째 커버(평소 앙상블이나 다른 역할을 맡다가, 어느 역할을 맡은 배우가 공석일 때 그 역할을 대신 맡는 배우)이기도 했거든요. 그러다 '엘렌'을 맡은 김선영 배우가 프리뷰 공연(본 공연에 앞서 무대에 오르는 사전공연) 당일 복통으로 병원으로 실려 가게 된 거예요. 박칼린 선생님께서 "현숙아. 1인 2역을 해야 할 것 같다. 일단 지지를 하다가 분장수정하고 바로 엘렌으로 넘어가야 할 것 같다"고 하셨어요. 그때를 떠올리면 무슨 용기로 할 수 있다고 말했는지 모르겠어요. 그렇게 김선영 배우가 복귀할 때까지 1인 2역으로 총 6회의 공연을 했습니다. 이 이야기에는 류창우 배우도 빠질 수 없네요. 프리뷰 공연을 앞두고, 시츠프로브(뮤지컬이 공연에 오르기 전에 오케스트라 팀과 배우들이 함께 합을 맞추는 연습) 때 성기 선배님이 쓰러지셔서, 류창우 배우가 일주일 연습하고 '엔지니어' 역으로 대신 공연에 올라가게 됐거든요.

그때는 워낙 정신이 없어서 생각을 못 했는데, 끝나고 나니 '이런 기회가 또 내게 주어질 수 있을까?'라는 생각이 들며 감사하더라고요. 그래서 잊을 수 없는 작품이고, 가장 사랑하는 배역이기도 합니다.

배우 활동을 하며 가장 힘들었던 순간은 언제이고, 어떻게 극복했나요?

첫 번째는 공개 오디션이었어요. 제가 뮤지컬 배우 활동을 시작할 때 막 공개 오디션이 생기기 시작할 때거든요. 그 전에 기회가 주어져서 계속 작품 활동을 하고 있었는데, 오디션 제도로 바뀌기 시작하면서부터 어려움이 생겼어요. 저 스스로 노래와 춤을 잘한다고 생각하는데, 오디션을 보기만 하면  평소 저답지 않게 너무 떠는 거예요. 오디션을 마치고 난 후에도 그런 저 자신을 인정할 수가 없었죠. 지금 생각해보면 훈련이 부족했던 것 같아요. 언제 어떤 상황에서든 잘 할 수 있는 훈련이 충분히 되어있어야 하는데, 그땐 '실전에서 그 순간 잘하면 되지'라는 생각이었죠. 실수를 인정해야 다시 한 걸음 내디딜 수 있는데, 그걸 인정하지 못하고 제자리에서 맴돌았어요. 그래서 '내가 급히 가려고 하는구나! 이 실력으로는 앞으로 더는 발전이 없겠다'라는 걸 깨닫고 1년 동안 부족하다 생각하는 부분의 트레이닝에만 집중했습니다. 2000년부터 2001년까지 작품을 아예 하지 않고 연습실에서 미친 듯이 연습만 했죠. 그 후에는 스스로 충분히 연습했고 훈련했다는 걸 알고 자신감이 생기니까 오디션 자리가 두렵지 않더라고요. 물론 떨리지만 내가 준비된 배우라는 사실을 믿으니까요. 남들은 1년을 왜 버리냐며 얼른 공연하라고 재촉했지만, 그 시간은 제게 굉장히 중요한 시간이 됐고 터득한 것도 많답니다.

또 다른 힘든 순간은 언제였나요?

두 번째는 〈미스사이공〉이 끝난 후였어요. 너무 좋은 작품에, 제가 원하는 배역까지. 모든 걸 다 가진 듯했죠. 그런데 그 작품을 끝내고 나서 위기가 왔습니다. 당시 제 나이가 만 35살이었어요. 나이 든 역할을 하기도, 어린 역할을 하기도 애매하죠. 지금이야 40대 초반에도 공주 역할을 다 하지만, 그때만 해도 그런 분위기가 아니었거든요. 오디션을 볼 때마다 '이미지가 안 맞다', '음색이 안 맞다' 등 여러 이유로 최종 오디션에서 10번 이상 계속 떨어졌습니다. 실패를 연속하다 보니 어떤 위로도 위로가 되지 않고, 참 힘든 시기였어요. 그때 발레 선생님께서 집에만 있지 말고 발레하러 나오라고 하셔서 갔는데, "현숙아. 여배우로 계속 잘 나갈 수 있을 것 같지? 하지만 어느 순간 한계점에 부딪혀. 그러기 전에 다시 공부하자."고 조언해 주셔서 용기 내어 공부를 시작하게 됐어요. 공부를 시작한 초반에는 '이러다 다시 무대에 못 서는 걸까?' 걱정하기도 했지만, 공부를 계속하다 보니 공부하길 참 잘했다는 생각이 들더라고요. 공부를 다시 시작하면서 힘든 시기를 또 한 번 넘길 수 있었죠.

고비가 왔을 때, 어떻게 대처하는지도 능력이에요. 그때마다, '내가 무엇이 부족해서 이 결과가 나왔지?' 현실을 잘 직시하고, 인정할 것은 빨리 인정하고, 이 위기를 뛰어넘을 수 있을 것인가 퇴보하고 말 것인가 판단해야죠. 무엇보다 '할 수 있다!'는 다짐이 가장 중요합니다. 위기의 순간이 올 때마다 스스로 위로할 수 있는 취미를 가지는 것도 훌륭한 방법인 것 같아요. 저에게는 그 취미가 발레였고, 어떤 배우들은 힘들 때마다 국토 횡단을 하거나 여행을 떠나기도 하죠.

앞서 말씀드린 최지연 발레 선생님이 제 멘토라고 할 수 있겠네요. 저에겐 훌륭한 많은 은사
님들이 계시지만, 제 인생에서 정신적 멘토로 큰 의지가 되는 분이에요. 가장 힘든 시기에 위로
받을 수 있었던 곳이 발레였어요. 선생님께 다 털어놓고, 발레를 하며 울적한 기분도 풀었죠. 쓰
러질 때마다 일으켜 세워주시고, 서로 기대고 의지할 수 있는 관계라고나 할까요? 다시 공부하
라고 채찍질도 해주신 덕분에 편입도 하고, 대학원에도 갔죠.

▶ 뮤지컬 <로미오와 줄리엣> 유모역

끝없이 배우며 나아가는 길

▶ 뮤지컬 <로미오와 줄리엣> 공연

▶ 뮤지컬 <모차르트> 베버부인역

배우라는 직업에 대해 주변 사람들의 고정관념이 있나요?

일반 직장에서 일하는 친구들은 제게 "너는 하고 싶은 거 하면서 돈 벌고, 너무 좋겠다"라고 해요. 하지만 무대 위에서 스포트라이트를 받는 배우의 겉모습만 보기 때문에 그 내막은 모르죠. 무대 위 꿈꾸는 순간에 도달하기까지 얼마나 까다롭고 힘든 여정을 거쳐왔는지 모르니까요. 그 친구들이 일상적인 생활을 반복하듯이, 배우도 끊임없이 반복적으로 트레이닝한답니다. 그 훈련이 왜 질리지 않겠어요. 무대에 서는 행복을 위해 스스로 다독이며 해내는 거죠. 그게 행복이라고 생각하고, 내 행복을 지키기 위해 어떤 상황에서도 마인드 컨트롤을 잘 해야 하는 직업이라고 생각해요.

배우를 하며 가장 큰 보람을 느꼈을 때는 언제였나요?

〈로미오와 줄리엣〉에서 유모 역할을 맡았던 때가 생각납니다. 그때는 페이스북이 아니라 싸이월드를 많이 하던 시기인데요, 어느 팬이 제 싸이월드 비밀 방명록에 글을 남기셨어요. 남편과 이혼하고 딸을 데리고 살고 있는데, 우울증이 너무 심해서 몇 번 자살 시도를 하기도 했다고요. 딸을 보고 다시 정신 차리고 살아보려고 노력하고 있는데, 제가 연기한 유모를 보고 엄마의 모성애를 느껴 '이 아이를 끝까지 내가 지켜줘야겠다'라는 생각이 들었대요. 같은 공연을 세 번이나 보러 오셨죠. 제가 유모로 살아가는 2시간 반의 공연을 몇백 명에서 많게는 몇천 명이 동시에 볼 텐데, 그중에서 감동을 하고 인생이 변하는 분도 있다는 걸 알게 된 순간 배우가 되길 참 잘했단 생각이 들었어요. 제가 그 분의 살아가는 이유 일부가 될 수 있으니까요.

평소에도 '내가 배우구나'라고 느끼는 순간들이 있나요?

온종일 연기하는 모습으로 살아가고 있다는 걸 느낄 때가 있어요. 누가 아프거나 돌아가셨을 때, 거울로 제 표정을 보고 그 감정을 마음에 담으려고 해요. 스스로 무섭고 잔인하다고 생각할 때도 있고, 슬픈 상황에서도 이 감정을 보고 기억하려고 하는 게 싫을 때도 있죠. 하지만 배우이기 때문에 할 수 있고, 해야 하는 일 같아요.

Question **배우를 꿈꾸는 청소년들은 어떻게 준비하면 좋을까요?**

책을 많이 읽고, 다양한 공연을 자주 보세요. 저는 언니가 중학교 때부터 저를 데리고 다니면서 한 달에 두 번 이상 연극을 봤어요. 처음엔 별생각 없이 봤지만, 꾸준히 공연을 보다 보니 공연에 담긴 여러 사회의 모습도 보게 되고, 결국 저도 무대에 서게 됐죠. 공연을 볼 때 너무 분석적으로 '저 연기가 어떻지?'라며 보기보다는, 공연 전체의 드라마를 편하게 보면서 '이런 사람도 있고 저런 사람도 있구나'라고 관찰하며 보면 좋을 것 같아요. 사람과 사람의 관계를 연구하는 직업이니 심리학책을 읽는 것도 도움이 됩니다.

요새는 동영상 등 공부할 수 있는 자료도 매우 많아졌어요. 꼭 레슨이 아니더라도 연습은 인터넷 강의를 통해 얼마든지 할 수 있다고 생각해요. 물론 좋지 않은 습관이 잘못 들 수도 있기 때문에 기초 단계에서는 조언을 해주는 사람이 필요하지만요.

뮤지컬 배우를 할 거라면 음악도 많이 들어야 하죠. 제가 어릴 적에 리듬앤블루스(R&B)는 굉장히 낯선 장르였어요. 10년 후에 후배들이 알앤비 창법으로 노래를 하니까 선배들은 거슬리

게 느꼈죠. 시간이 지나자 어느새 알앤비는 트렌드가 되었고요. 배우라는 직업은 계속 트렌드를 쫓아가야 하므로 계속 음악을 듣고, 공연을 보며 변화하는 문화를 접하면 좋겠어요. 여러분이 배우가 될 10년 후엔 지금과 공연 트렌드가 또 다를 테니까요. 기본적으로는 발레나 성악을 배워 두는 것도 많은 도움이 될 거예요.

필요한 건 투자를 해야만 얻을 수 있어요. 배우는 자신과 싸움의 연속이에요. 스스로 세운 계획과 약속을 잘 지키는 연습이 가장 중요합니다.

Question 앞으로 목표는 무엇인가요?

첫 번째로는 제자양성이에요. 지금 강의 제의가 많이 들어오고 있는데, 결혼도 늦게 한지라 출산 계획이 있기도 하고 논문을 쓰고 있어서 강의를 맡지 못하고 있어요. 언젠가 논문을 마치면 후배들에게 제가 배운 것을 나눠주고 싶어요. 제자 양성에 대한 비전이 있어 대학원에 간 것도 있고요. 학부에서는 연기와 방법론을 배웠다면, 대학원에서는 그걸 응용해서 어떻게 가르칠 것인지 배울 수 있기 때문이죠. 후배들이 구시대적 틀만 따라가지 않고, 새로움을 접목해서 대처하는 방안도 알려주고 싶어요.

두 번째로는 '배우'라는 타이틀이 부끄럽지 않은 배우가 되고 싶어요. 저는 아직도 무대에 서면 긴장되거든요. 그 떨림을 어느 정도 숨기고 당당히 무대에 서지만, 여전히 제 스스로 고민하고 노력해야 하는 부분이 많습니다. 사람들이 '김현숙은 배우다'라고 불러주지만, 스스로 부끄럽지 않은 '배우'로 성장하는 게 제 최종 꿈입니다.

　배우는 겉으로 보기에 화려해 보이지만, 스스로 안고 가야 하는 짐이 많은 직업이에요. 한이 많은 직업이기도 하고, 평생 배워야 해서 '배우'라고 말하듯 끝없는 배움이 필요한 직업이기도 하죠. 연기에 소질이 있거나 빼어난 외모를 가졌다고 해서 막연하게 배우의 길을 시작한다면 반대합니다. '배우를 하면 참 행복하겠다', '죽을 때까지 배우로 살아갈 수 있다면 어떤 시련이 와도 이겨낼 수 있겠다'라고 많이 생각해보세요. 그렇게 확신이 든다면, 그리고 열정이 있다면, 그 꿈을 놓치지 않는 노력이 필요합니다. 하다 보면 싫증이 날 수도 있고, 연습하며 좌절하기도 하죠. 좌절을 통해서도 계속 배우고, 버텨서 앞으로 나아갈 수 있다면 배우만큼 최고의 직업은 없다고 생각해요.

어린 시절부터 광대의 피가 흐르고 있었던 것 같다. 학교도 종종 안 갈 정도로 연기에 푹 빠졌던 형을 보며 덩달아 같은 꿈을 키웠다. 아버지의 반대로 대학교 경영학과에 진학했지만, 연극 동아리가 전공이나 다름없었다. 마당극과 노동연극을 하다가 잠시 무대를 떠나기도 했지만 송충이는 솔잎을 먹고 살듯, 내가 있어야 할 곳은 바로 무대였다. 익숙한 연극 무대와 달리 방송 드라마와 영화 촬영은 긴장됐다. 입, 손과 발의 감각, 감정 모든 것이 익숙해질 정도로 연습을 반복했고 대사를 가장 맛깔나게 하는 배우가 되었다. 앞으로도 〈전국노래자랑〉처럼 우리들이 살아가는 웃음과 눈물을 담아 오랫동안 사랑받는 배우가 될 수 있기를 소망한다.

영화배우·탤런트
박철민

● 드라마
〈불멸의 이순신〉, 〈봄날〉, 〈한성별곡〉, 〈뉴하트〉,
〈베토벤 바이러스〉, 〈돌아온 일지매〉, 〈아테나 : 전쟁의 여신〉,
〈구암 허준〉, 〈돌아와요 아저씨〉, 〈구르미 그린 달빛〉 외 다수

● 영화
〈꽃잎〉, 〈만고건달〉, 〈불후의 명작〉, 〈목포는 항구다〉,
〈역도산〉, 〈혈의 누〉, 〈김관장 대 김관장 대 김관장〉,
〈화려한 휴가〉, 〈스카우트〉, 〈시라노 : 연애조작단〉,
〈위험한 상견례〉, 〈7광구〉, 〈코리아〉, 〈또 하나의 약속〉,
〈해적 : 바다로 간 스님〉, 〈어느 날 첫 사랑이 쳐들어왔다〉,
〈조선마술사〉, 〈인천상륙작전〉, 〈히야〉, 〈커튼콜〉, 〈재심〉,
〈아이 캔 스피크〉 외 다수

● 연극
〈늘근도둑 이야기〉, 〈그와 그녀의 목요일〉,
〈세상에서 가장 아름다운 이별〉 외 다수

배우의 스케줄

박철민
배우의
하루

06:00~06:30
▸ 기상 및 아침식사

06:30~07:00
▸ 촬영장 도착

07:00~09:00
▸ 대사 점검, 상대 배우와 맞춰보기

09:00~11:00
▸ 감독님과 리허설

11:00~17:00
▸ 촬영

17:00~18:00
▸ 요가

18:00~20:00
▸ 야구, 등산 등 운동

20:00~22:00
▸ 저녁 식사 및 귀가

22:00
▸ 휴식 및 취침

형을 따라
배우의
꿈을 꾸다

▶ 어린 시절 가족과 함께

▶ 나의 학창 시절

▶ 사랑하는 우리 가족

Question 박철민 배우의 어린 시절은 어떤
모습이었나요?

어린 시절부터 자연스럽게 대중 앞에서 무언가를 하며 감동
을 주는 끼가 있었던 것 같아요. 배우의 피, 광대의 피가 흐르고
있었다고나 할까요? 한 가지 기억나는 일은, 제가 6살 즈음 '박
스컵' 경기가 열렸어요. 박정희 대통령 이름으로 여는 축구 월
드컵인데, 아시아 지역 국가대표들이 모두 나와 경기를 펼쳤
죠. 제가 살던 광주에서도 예선전을 했는데, 많은 사람이 경기
를 보러 갔습니다. 저도 형을 따라서 경기 응원을 갔는데, 후반전 어느 순간 정신을 차려보
니 제가 수많은 관중 앞에 나와 있는 거예요. 형이 앞에 나가보라고 했던 것 같기도 하고, 잘
기억은 안 나요. 이만 명 정도가 앉아있었는데 한쪽에서 제가 3·3·7 박수를 치며 응원하
고 있더라고요. 까불고 소리를 지르며 사람들의 호응을 유도하기도 하고, 사람들도 저를 보
며 잘 따라 해줘서 너무 신났죠. 어린이가 나와서 응원을 하고 있으니까 텔레비전 중계방송
카메라에 잡혀 방송을 탔어요. 동네 친구들도 텔레비전으로 저를 보고, 동네 형들도 "철민이
왜 저기 나가서 이상한 짓 하고 있냐"라고 놀리기도 하고 그랬죠. 하하.

Question 배우의 꿈을 키우는 데 가장 큰 영향을 준 사람은
누구인가요?

5살 터울의 친형의 영향을 많이 받았어요. 형이 중고등학교 때 학교도 종종 안 갈 정도로
연기에 푹 빠졌던 거예요. 어머니 몰래 광주부터 서울까지 올라가서, 최고 인기 있는 연극을
보고 밤차를 타고 내려오거나, 작은 극단 연습실에 가서 자고 오기도 하고요. 〈빨간 피터의
고백〉이란 작품으로 전국 투어를 하던 추성후 선생님을 따라다니기도 했어요. 학생이 학교

도 안 가고 그렇게 다니니 어머니가 화가 많이 나셔서 때리기도 하셨죠. 한바탕 집에 소란이 일고 나면, 형은 꼭 저를 데리고 뒤뜰로 나갔어요. 저를 앉혀놓고 본인이 만난 세상, 보고 온 무대, 들었던 대사를 연습해서 1인극을 보여줬어요. 마임도 하고, 방백도 하고, 독백도 하고요. 물론 지겹기도 하고, 친구들과 더 놀고 싶어서 도망간 저를 잡아다 강제로 관객으로 만들어 버릴 때도 있었지만, 그렇게 점차 형의 연기에 빠져들기 시작했어요. 재미도 느끼고, 호기심이 커지기도 했죠. 형은 결국 서울예대를 졸업하고 십수 년 동안 연극배우로 활동하시며, KBS 성우도 하고 드라마에서 작은 역할도 맡으셨죠. 성우 경쟁률도 1000:1로 엄청났는데, 그런 형을 보며 자란 저 역시 같은 꿈이 조금씩 커졌습니다. 형님은 25년 전 안타까운 사고로 돌아가셔서 이젠 세상에 계시지 않아요. 여전히 고맙고 그립습니다.

Question 중고등학교 시절에는 어떤 학생이었나요?

형 덕분에 연기에 대한 열망이 저에게도 차곡차곡 쌓이다 보니 여러 가지 활동을 하게 되었어요. 친구 어머니가 자장면을 사주셔서 다니게 된 교회에서 친구들을 모아 성극을 했습니다. 베드로가 예수님을 부인하는 장면을 비틀어서 연출해 보기도 하고, 용감한 사형수 이야기에 종교적 메시지를 넣어 각색해보기도 했죠. 고등학교에 들어가자마자 연극반에 들어가서 작품도 만들어 무대에 올리기도 했습니다. 서로 다른 여러 인생을 표현하고, 관객에게 보여주며 그들이 희로애락에 함께 빠져들도록 하는 일이 너무 재밌었어요. 짧고, 엉성하고, 아마추어 같았지만, 그때부터 연극의 맛을 느끼기 시작했어요. 아버지께 저도 형을 따라 연극을 하겠다고 말씀드렸더니, "한 집에 딴따라를 두 명이나 둘 수는 없다"고 화를 내셨죠. 그 시절 배우는 마치 광대라 여겨져서 큰 관심을 받는 직업도 아니었고, 배고픈 길이기도 했으니까요. 아버지는 제가 점수에 맞춰서 대학에 쉽게 들어갈 수 있는 전공을 찾기를 원하셨습니다. 가만히 생각해보니, 형이 본인이 좋아하는 일을 해서 아버지께 상처가 됐는데, 저도 굳

이 똑같이 해서 아버지께 부담을 드리는 게 과연 맞을까 고민하게 됐어요. 아버지께서 원하는 대학에 입학하는 걸 마지막 효도라고 생각하고, 대학에 들어간 후엔 제가 알아서 하겠다고 말씀드렸어요. 중앙대학교 경영학과에 입학했습니다. 입학하자마자 연극 동아리에 들어가 연극반 생활을 했죠.

Question 대학 시절도 쭉 연극을 하며 보내셨나요?

경영학과 전공 수업은 4~5년을 다 합쳐 스무 번도 안 들었던 것 같아요. 교수님도 잘 모르고, 수업도 안 듣다 보니 졸업할 수 있는 점수가 안돼서 겨우겨우 학점을 채웠죠. 제게는 동아리가 과사무실이고, 무대와 연습실이 강의실이었어요. 동아리 공연이 제 전공이나 다름없었죠. 아마추어 연극 활동을 주로 하다가 3학년 때 마당극을 해보기도 했습니다. 특히 사회 이슈와 쟁점을 소재로 다룬 참여 연극을 많이 했어요. 이런 활동을 많이 하다 보니 학교에서는 어느새 유명인사가 되어있었습니다. 당시 학생회가 학교 편을 들어 문제가 많았는데, 학생들이 데모해서 총학생회장을 쫓아낸 일이 있었어요. 동아리 형이 "우리가 연극으로 말하는 세상을 학생들과 좀 더 대중적으로 소통할 수 있지 않을까?"라고 제안해서, 제가 단과대학교 학생연합을 만들어 총학생회장 대행을 반년 동안 하기도 했습니다.

Question 마당극을 지향했던 이유가 있나요?

마당극은 소통하는 연극이었습니다. 마당극과 전통극은 풍자와 해학이 넘치잖아요. 서사 구조가 탄탄한 이야기로 관객이 희로애락을 느끼게 하기보다는, 세상의 큰 권력과 나쁜 사람들을 비틀어 꼬집으면서 웃음을 유발하고 카타르시스를 줍니다. 당시에는 일본 강점기를 거치며 전통극과 마당극이 많이 없어지면서, 신선한 장르이기도 했고 운동권만 향유하는 문화이기도 했어요. 저는 이 마당극이 분명 더 대중적인 공연이 될 수 있고, 소통의 도구가 될 수 있다고 생각했습니다. 연극을 하려면 이왕이면 사회 현실을 외면하기보다는, 뜻을 가지고 하면 훨씬 매력적이겠다고 생각했죠.

Question 첫 극단에는 어떻게 들어가게 되셨나요?

4학년 때 우리 학교에 극단 '현장'이 마당극 초청공연을 하러 왔어요. 우리 동아리에서 먼저 공연을 하고 초청공연을 하는 순서로 행사가 진행됐습니다. 그때 극단 현장 배우들이 우리가 했던 작품에서 저를 눈여겨보신 거예요. 독특한 놈이 마당극을 휘어잡는 걸 보고, '저런 친구가 우리 극단에 필요하겠다'라고 생각하셨대요. 마당극은 외적으로 보이는 연기뿐만 아니라, 관객과 함께 잘 어울려 노는 기술도 필요해요. 그런 부분을 제가 잘 해내는 데에 관심을 보이신 거죠. 연출님께서 "우리 극단과 색깔이 참 잘 맞는데 한번 들어와 볼래?"라고 제안하셨습니다. 사회 문제에 대해 관심 있던 저는 이 극단에 관심이 있어서 알고 있었거든요. 스카우트 제의가 너무 기뻤고 바로 극단으로 들어가게 됐어요.

Question 극단 '현장'에서 어떤 경험을 하셨는지 듣고 싶어요.

더 정형화된 형식이 'MBC 마당극'이었고, 그보다는 비제도적인 극단에 대표적으로 '연우', '아리랑', '현장' 이렇게 세 극단이 있었습니다. 극단 현장은 그중 가장 진보적인 극단이었어요. 노동연극을 주로 하면서, 대학로에서 2주 공연하고 나머지는 파업 현장이나 노동자 행사에 갔습니다. 공연하다가 시위가 일어나면 같이 투쟁하기도 하고, 파업 현장이 너무 열악했기 때문에 극단에서 돈을 내고 공연하기도 했죠. 일상과 연극, 노동자의 투쟁을 넘나들며 공존하는 생활이었습니다. 그렇게 6년 정도 극단 현장에서 함께 하며 나름 연극 분야에서는 의식 있고 까불대는 배우로 이름을 알리기 시작했습니다. 그러다 형이 갑자기 사고로 돌아가시면서, 당시의 제 모습을 곰곰이 생각해보게 됐어요. 아내와 제가 결혼한 지 2년 정도 됐을 때인데, 제가 극단 생활을 하며 생활고가 있으니 아내가 글짓기 학원에서 아이들을 가르치며 집안 경제를 책임지고 있었습니다. 임신해서 배도 불러오고요. '나는 생활인으로서, 아들로서, 아빠로서, 가장으로서 잘 하고 있나?', '나는 연극배우인가 사회활동가인가?' 여러 가지 고민을 하게 됐습니다. 생활고가 가장 큰 고민이었고, 연극이 좋아서 시작한 일인데 이 극단에서는 직접적인 사회 참여 활동을 하니 거기에 갇혀 다양한 장르의 연극을 못 하는 데 대한 갈증도 있었고요. '새로운 장르의 연극을 할 수 있는 무대를 찾고 싶다'는 생각이 들어, '잠시 극단과 무대를 떠나서 지내보자'라고 결정하게 되었습니다.

다시
돌아온
무대

▶ 연극 <늘근도둑 이야기>

▶ 연극 <늘근도둑 이야기>

▶ 최고의 연기를 위해

국단과 무대를 떠나서는 어떤 일을 하셨나요?

일단 먹고살 준비를 해야 하니, 아내 친구에게 150만 원을 빌려서 트럭을 장만했습니다. 가락동에 가서 채소와 과일을 사서 부자 동네에 가져와 팔았어요. 그때 돈 세는 재미를 느꼈죠. 그동안 생활고에 시달리다 현금을 손에 쥐니 너무 짭짤하더라고요. 무대와 연기에 대한 고민은 어느새 사라지고 6개월 동안 정신없이 장사했습니다. 돈이 모이기 시작하니 소매로는 부족한  것 같아서 큰 가게를 열거나 도매를 해야겠다는 생각이 들더라고요. 경매를 배우기 시작했습니다. 두세 달 정도 배워서 경매 현장에 갔는데, 프로들은 워낙 능숙하고 노하우도 있는데 저만 아는 게 없으니 망신도 당하고, 물건도 잘못 사고 쫄딱 망했어요. 그동안 벌었던 1500만 원을 모두 날렸습니다. 인생의 두 번째 쓴맛을 보았어요. '오만하고 건방졌던 내가 아무 능력이 없는 초라한 사람이구나'라는 걸 깨달으며 자신감을 잃었죠.

Question 어려웠던 당시 상황을 어떻게 극복하셨는지 궁금해요.

때마침 극단 아리랑에서 〈대한민국 김철식〉이라는 작품을 같이 하자고 연락이 왔습니다. 참 고맙고 행복했죠. 역시 송충이는 솔잎을 먹어야 한다는 말이 진리인 것 같더라고요. '무대가 내 살길이고, 내 목소리를 내며 밥벌이를 해결할 곳이다. 다른 길을 가려면 수십 년의 시간이 필요하다'는 걸 깨닫게 됐어요. 〈대한민국 김철식〉은 제 인생의 전환점이 된 작품이에요.

배우라는 직업에 대한 가족의 시선은 어땠나요?

아버지는 반대를 많이 하셨어요. 대학 졸업을 하고 나서 처음 제 공연을 보러오셨는데, 작품을 보시고 한 말씀 하셨죠. "네가 연극으로 데모를 하는구나. 이건 직장이 아니다. 빨리 직장을 가지지 않으면 너를 인정할 수가 없다."라고 말씀하시고 떠나셨어요. 결혼할 때도 "결혼을 했으니 직장을 가져라", 첫 아이를 낳았을 때도 "첫애도 생겼으니 마지막 부탁이다. 직장을 가져라"라고 하셨어요. 연극을 한 지 8년이 다 되어가는 데도 배우라는 직업을 인정하지 않으신 거죠. 경제적 능력도 없다고 생각하셨고요. 그러다 제가 드라마〈불멸의 이순신〉에 출연할 때 아버지 친구분들께서 저를 텔레비전에서 봤다며 칭찬도 해주시고, 제가 광고도 몇 편씩 찍기 시작하니 '아, 이게 대단한 직업이구나' 생각해주셨어요. 그때부터 "네 덕분에 내가 밥을 샀다"며 인정해주셨습니다.

아내는 평생 든든한 지원자예요. 통장에 잔액이 없었던 그 어려운 시기에도 돈 이야기를 한 번도 하지 않았어요. 지금은 제가 많이 벌어오는 데도 좋다는 말을 안 해요. 금전적인 부분에 대해 자유로운 사람이라 제가 배우 생활을 하는데 스트레스가 없었죠.

배우가 되는 길은 다양한가요?

예전에는 저처럼 아마추어부터 시작해서 극단에 들어가고 끊임없이 무대에 오르다가, 영화나 드라마까지 진출해 다양한 장르를 경험할 수 있는 길이 많았어요. 요즘은 예술고등학교에 가거나, 연극영화과에 대학 진학을 해서 전문적인 교육을 받고 오디션을 보는 경우가 많죠. 극단에 들어가지 않고 마음 맞는 친구들끼리 그룹을 만들어서 단편영화를 제작하며 시작하는 경우도 있고요. 오디션 정보를 공유하고 서로 연기를 봐주기도 하는 스터디 활동도 많이 하더라고요.

Question 배우가 되고 싶어 하는 학생들에게 조언을 해주신다면요?

배우가 되고 싶어 저를 찾아오는 친구들에게 해주는 이야기가 있어요. 첫째로, 정말 배우가 되고 싶은지예요. 화려한 정상을 향해 가고 싶은지, 그게 아니라면 평생 대사 한마디도 없이 무대에 선다 해도 연기를 하고 싶은지 냉정하게 자신에게 물어봐야 해요. 대중에게 사랑받지 못해도 아주 가끔 무대에 서서, 카메라 앞에 서서 한두 마디 하는 작은 단역이라도 행복할 수 있나요? 그래도 '배우를 하지 않으면 죽을 것만 같아요. 대본 공부하고, 대사 한 줄 외우는 것, 단역을 맡는 그 자체로도 행복해요'라고 할 수 있다면 출발해보세요.

다음 질문은 '끼'와 '자신감'이 있느냐예요. 이 직업은 대중의 평가를 받는 직업이에요. 집안 배경이 좋거나 기회가 돼서 쉽게 대중 앞에 나올 순 있겠지만, 능력이 없으면 빨리 사라지게 돼요. 여러분의 재능이 여러가지 잣대로 평가될텐데, 그 재능을 어떻게 키워갈 것인지 계속해서 고민하는 과정이 필요할 거예요. 그리고 재능이 있다 해도 사람들 앞에서 충분히 표현할 수 있는 자신감이 필수입니다. 야구를 예로 들면, 기본적으로 속구를 던질 수 있는 재능이 있는데 마운드에 올라가면 흔들릴 수 있죠. 배우도 마찬가지예요. 연기를 잘 하고 노래도 잘 부르는데, 관객이나 카메라 앞에서는 너무 떨려서 다 보여주지 못한다면 어렵겠죠. 정상을 향해 당당히 갈 수 있는 매력과 자신감이 있는지 점검해보세요.

내 재능이 최고라고 생각하지 않거나 자신감이 없다면 피와 땀으로 일궈내는 수밖에 없어요. 송강호나 설경구 같은 배우는 대본을 5번 정도 연습해보고 카메라 앞에 서면 자연스럽게 된다고 하더라고요. 그런데 저는 아녜요. 전 5번으로는 외워지지 않아서 천 번 이상씩 하죠. 타고난 천재가 아닌 90%의 사람은 남들이 잘 때 수십 일, 수백 일을 자지 않고 노력하는 지겨울 정도의 과정이 필요합니다. 저는 야구를 사랑하는데, 안타 한 번 치기 위해 3~4시간 계속 연습을 하다 살이 벗겨져서 피가 줄줄 난 적이 있어요. 그런데 '좋아하는 일을 하다가 이렇게 피가 날 수 있을까?' 생각하니 엔도르핀이 생기고 저 자신이 너무 자랑스러운 거예요. 아픈 줄도 모르고 했다는 사실이 너무 행복하더라고요. 이렇게 피와 땀이 범벅되어도 즐겁다면 정말 좋아하는 일 아니겠어요? 본업인 연기라면 취미보다 더욱 그래야 하겠죠. 고통스러운 과정 없이 저절로 이루어지는 일은 없습니다.

> **Question** 대본을 처음 받았을 때, 이 캐릭터를 내 것으로 만드는 과정에 대해 좀 더 알고 싶어요.

배우란 대본을 잘 해석해서 감독이 상상하는 장면의 인물에 대해 본인의 생각을 함께 녹여내 인물을 표현합니다. 일단 작품 자체를 꼼꼼히 읽으면서 작품의 주제, 메시지, 장르 등 전체적으로 작품에 대해 파악을 합니다. 그리고 그다음에 작품 안에서 내가 맡은 캐릭터가 어떤 역할을 하는지 파악해요. 사건 해결의 열쇠를 쥐고 있다던가, 감초 역할로 재밌는 분위기를 만드는 것 등이요. 캐릭터 분석을 해서 까불대거나 진지하게 하거나, 내성적인지 외향적인지 등 그 캐릭터에 맞는 색깔을 입히죠. 그리고 대본에는 나와 있지 않지만, 그 캐릭터의 스토리를 상상해봅니다. '이 인물은 어떻게 어디서 태어나고, 어떻게 청년 시절과 장년 시절을 보냈을까? 우여곡절이 있었을까?'를 그려보며 전체 삶을 설정하고 나면 더 구체적이고 상세하게 한발 한발 다가갈 수 있죠.

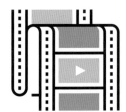

연기에 도움이 되는 활동은 무엇이 있을까요?

몸과 마음의 유연성이 굉장히 중요합니다. 저는 꾸준히 야구로 체력을 단련하고, 요가로 유연성을 기르고 있어요. 몸이 굳어있으면 정신도 굳으니까요. 유연할수록 힘든 새벽 촬영을 극복하기도 하고, 몸을 쓰는 액션도 신체의 단단함뿐만 아니라 유연해야 더 잘 할 수 있죠. 캐릭터를 분석하는 것도 유연하게 생각하는 과정이 도움이 되기도 한답니다.

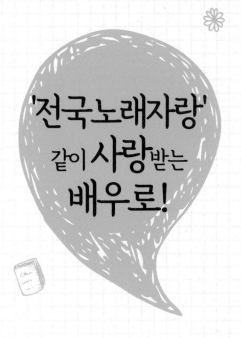

'전국노래자랑'
같이 사랑받는
배우로!

▶ 청나라 첩자를 연기한 <돌아온 일지매>

▶ <뉴하트>, '뒤칠렌드'로 큰 사랑을 받다

▶ 오랫동안 사랑받을 수 있는 배우

연극 무대에서 방송·영화로 넘어오면서 어려움은 없었나요?

저도 연극 무대는 대학 때부터 만났으니 익숙하고 신났지만, 방송과 영화로 넘어오니 너무 떨리더라고요. 대사를 모두 외워서 갔는데 기억이 하나도 안 나기도 하고요. 〈불멸의 이순신〉을 촬영할 때 잠도 자지 않고 수천 번을 연습했어요. 화장실에서도 차 안에서도요. 버튼을 누르면 자동으로 대사가 나오는 기계처럼 할 수 있을 정도로 연습했어요. 제 입, 손과 발의 감각, 감정 모든 것이 익숙해질 정도로 반복하는 노력을 했죠. 대본 한 권을 달달 외우면 그제서야 생각하지 않고 줄줄 나오는 대사를 천천히 해보기도 하고, 상황에 맞게 조절 하며 가지고 놀 수 있게 되는 거죠. 모든 건 시간 투자에 달렸다고 생각해요.

배우로서 '박철민'만의 색깔을 보여주기 위한 과정이 궁금해요.

저는 맛깔스러운 대사를 하는 배우가 되자고 생각했어요. 전 타고난 배우들처럼 다양한 재주가 있지 않아 한계가 있다고 생각했거든요. 그럼 내가 잘하는 게 뭘까? 까불거리는 거였죠. 이 감초 같은 느낌을 잘 살려 나만의 특색으로 만들기 위해서 무엇이 필요할까 고민했습니다. 조정래 작가의 〈태백산맥〉을 읽었어요. 10권짜리 긴 책인데, 그 속에 전라도 특유의 은유, 직유, 의인법 등 맛깔나는 표현이 참 많았고, 사투리가 생생하게 살아있었죠. '이걸 다 외우자!'며 읽었어요. 처음엔 잘 안 외워지더라고요. 맛있는 대사를 모두 노트에 빽빽하게 적으며 곱씹었죠. 방송 대본 연습을 할 때도 이 노트를 들춰보면서 해당 장면에 어울리는 대사나 비유를 찾아보고 제 것으로 꺾어보기도 하면서요. 애드립을 하려면 대사 시간이 길어지니까 빨리 대사를 하기 위해 더 많이 반복해서 연습했습니다. 반복하면 할수록 카메라 앞에서는 더 자신있게 나오더라고요. 충분히 이 대사를 내 것으로 소화했을 때, 연출자의 요구에 맞춰서 1단이든, 2단이든 자유롭게 변형시킬 수도 있죠.

Question

가장 기억에 남는 작품이나 캐릭터는 무엇인가요?

드라마 〈돌아온 일지매〉의 청나라 첩자를 맡아 연기했던 게 아직도 잊히지 않아요. 원작만화에서는 이 캐릭터가 계속 옆으로 걸어 다녀요. 드라마 제작을 할 때, 감독이 이 캐릭터의 걸음이 영상으로 상상이 안된다며 제게 걸음걸이를 만들어 오라고 했죠. 참 고민을 많이 했어요. 옆으로 가는 동작은 뭐가 있을까? 캘리포니아 주립발레단원을 소개를 받아서 그 친구하고 2~3일 연습하고, 펜싱 하는 친구도 만나봤습니다. 수족관에 가서 게를 관찰하기도 하고요. 그렇게 옆으로 걷는 캐릭터가 탄생했습니다. 촬영 내내 옆으로 걸었으니 얼마나 골반이 아팠는지 몰라요. 제 인생에서 가장 독특한 캐릭터였죠.

그 외에도 영화 〈스카우트〉가 가장 좋아하는 작품이고, 그 영화에서 맡은 '곤태'라는 캐릭터도 좋았어요. "뒤질랜드~"라는 대사로 대중에게 가장 사랑받은 작품은 드라마 〈뉴하트〉고요. 제가 어떤 작품을 연기했을 때 그 캐릭터를 통해 사람들이 행복할 때 가장 기분이 좋고 기억에 남죠.

연극은 관객과 직접 만나 소통하고, 관계해요. 현장감이 살아있죠. 관객이 계속 웃으면 제 연기가 점점 재밌어지기도 하고 상상할 수 없는 결과가 나오기도 해요. 관객의 미세한 울음소리에 배우인 저도 가보지 못한 감정까지 도달하기도 하고요. 100회 공연을 하더라도 비가 오는 날, 여자 관객이 많은 날 등 모두 다른  100번의 공연이 됩니다. 배우와 관객이 끊임없이 서로 영향을 주는 장르예요. 대신 한 번에 공연장 객석 수 만큼의 관객만 만날 수 있죠.

반면 드라마는 동시에 훨씬 많은 시청자와 만날 수 있습니다. 시청률 10%일 경우 500만 명 이상, 20%면 1,000만 명 이상이 오늘 이 드라마가 방영하는 1시간 동안 텔레비전 앞에 앉아있었다는 거거든요. 방송의 파급력은 어마어마하죠. 드라마를 통해 스타가 되는 건 상상할 수 없이 긴 무명시절을 한 번에 벗어날 수 있게 합니다. 제작 측면에서 단점이라고 하면

사전제작이 아닌 이상, 일주일에 2편 분량을 만들어야 하니 무척이나 정신없고 바쁘죠.

살인적인 드라마 촬영 스케줄에 비교하면 영화는 몇 달 동안 2시간 분량을 만듭니다. 한 컷 한 컷 아주 섬세하게 찍죠. 연습을 반복해서 하고, 다시 한번 촬영해보고요. 느린 것 같지만 정성 들여 만들어 내는 매력이 있어요.

Question 작품을 선택할 때 어떤 기준으로 선택하시나요?

　재밌는 작품이죠. 사람들을 웃기는 재미만이 아니라 탄탄하게 짜인 스토리의 재미 말이에요. 이 이야기를 사람들이 따라갈 만한 집중도가 있는지가 첫 번째입니다. 그다음은 제 캐릭터가 입체적인 캐릭터인지를 봅니다. 세 번째는 감독이에요. 영화는 대본만 봐서는 잘 알수 없거든요. 대본이 엉성해 보여도 감독의 역량에 따라 훌륭한 작품이 되기도 하니, 감독이 이전에 어떤 작품을 했는지를 보죠.

Question 매너리즘에 빠질 때는 어떻게 극복하는지 궁금합니다.

　첫 대본을 만났을 때로 돌아가 보는 거예요. 드라마의 경우는 20부작, 30부작도 있는데 긴 촬영을 진행하다 스스로 매너리즘에 빠진 것 같을 때가 있죠. 그때 첫 회 대본을 찾아봅니다. 연극도 몇 달씩 공연하는 경우가 많아요. 공연하다가 답답하고, '왜 예전만큼 생동감이 느껴지지 않지?'라는 생각이 들 때면 첫 대본을 봅니다. 첫 대본에는 이 작품에 대한 제 첫 느낌이 적혀있기도 하고, 캐릭터에 대해 적어놓은 것도 있고, 인물에 대해 상상해본 글도 있죠. 놓았던 대본을 다시 읽으며 당시의 느낌을 꺼내 보곤 합니다.

<잠깐! '매너리즘(mannerism)'란 무엇인가요?>
항상 틀에 박힌 일정한 방식이나 태도를 보임으로써 신선미와 독창성을 잃는 일을 말한다.

배우로서 롤모델이 있나요?

임현식 선생님과 변희봉 선생님을 존경해요. 본인만의 독특한 색깔을 가지고 계시잖아요. 완벽하고 깊은 내면 연기를 보여주시면서도, 특유의 해학적 느낌 때문에 왠지 친구 같고 편안한 느낌을 주거든요. 사람들도 동네 아저씨같이 친근히 여기니까 함께 사진도 찍으며 반가워하죠. 저도 신비주의나 대중이 다가가기 어려운 무게 있는 캐릭터보다는 사람들이 편안하게 다가올 수 있는 배우로 남고 싶어요.

Question **배우로서 향해 가고 싶은 목표는 무엇인가요?**

최고의 가수들이 나오는 노래경연대회보다는, 〈전국노래자랑〉 같은 배우가 되고 싶어요. 동네 아저씨, 학생, 할아버지가 나와 진술한 사연, 아픈 사연, 우스운 사연을 이야기하며 노래하는 것처럼요. 그들의 노래가 뛰어난 실력은 아니지만, 사람들을 박장대소하게 만들기도 하고 눈물을 훔치게도 하잖아요. 이처럼 우리들이 살아가는 웃음과 눈물과 분노와 애환을 담는 배우가 되고 싶어요. 부족하더라도 오랫동안 질리지 않고 사랑받을 수 있는 배우요.

또 한 가지 소망이 있다면 '오늘을 열심히!' 사는 배우로 죽고 싶어요. 일흔 살이나 여든 살이 되어서 아주 짧은 대사 한 마디더라도 치고 집에 돌아와, "오늘 대사 괜찮았네? 잘했어, 철민아."라고 하고 소맥 한잔하면 더할 나위 없겠죠. 큰 역할이든 작은 역할이든, 스쳐 지나가 눈에 띄지 않는 역할이든 연기하다 죽는다면 이 세상에서 가장 행복하게 산 사람일 거예요.

여러분이 행복했으면 좋겠어요. 좋아하는 일을 하면 행복한데, 좋아하는 게 무엇인지 못 찾는 사람이 너무나 많아요. 여러분은 잠이 오지 않을 만큼 즐거운 일을 많이 만나보면 좋겠어요. 꼭 한 가지가 아니어도 괜찮아요. 세 가지나 다섯 가지면 어때요. 또 그 꿈이 사라지면 또 어때요. 불안해할 필요는 없습니다. 중요한 건 그 꿈을 찾아가는 과정이에요. 꿈을 향해 가는 마음과 행동을 꼭 간직하길 바랍니다. 그럼 좌절과 패배를 만나더라도 좋아하는 일 안에서의 실패라면, 계속 나아가 진정한 승리를 맛볼 수 있을 거예요.

특별한 꿈은 없었다. 고등학생 때, 사진부에 자리가 다 차서 우연히 들어가게 된 연극부를 통해 조금씩 연극에 관심이 생겼다. 사람들과 함께하는 연극 작업이 하면 할수록 좋았다. 두 번의 기회 끝에, 중앙대학교 연극영화과에 들어갔다. 늘 공연 작업을 하며 밤새고, 선배들을 도와주며 대학 시절을 보냈다. 졸업할 즈음에 극단 '연우무대'에서 〈락희맨쇼〉를 시작으로 객원 배우로 작업했다. 더 놀고 싶고, 새로움에 부딪혀 보고 싶은 갈증은 극단 '차이무'로 이끌었고, 지금까지 그곳에 둥지를 틀고 있다. 연기도, 연극도 변하지 않는다는 생각에 괴로워하기도 했지만, 결국 연기는 배우가 가지고 있는 마음에 따라 관객들에게 다르게 전달된다는 것을 깨달았다. 관계의 소통을 담아, 앞으로는 이름을 건 '인생 작품'을 꼭 하나 만들어 보고 싶다.

영화·연극배우
오용

- **연극**
  〈신인류의 백분토론〉, 〈인간〉, 〈나와 할아버지〉 외 다수
- **드라마**
  〈파랑새의 집〉, 〈참 좋은 시절〉, 〈직장의신〉,
  〈더 바이러스〉 외 다수
- **영화**
  〈내가 살인범이다〉 외 다수

배우의 스케줄

오용
배우의
하루

20:00~23:00
▸ 휴식 및 개인 시간
23:00~00:00
▸ 귀가 및 취침 준비

07:00
▸ 기상
07:00~09:00
▸ 아침 식사 및 아이들
등교 준비

13:00~14:00
▸ 대학로 도착
14:00~20:00
▸ 공연 연습

09:00~12:00
▸ 독서 및 운동
12:00~13:00
▸ 점심 식사

연극은
함께
만들어가는
즐거움

▶ 외향적이지만은 않았던 학창 시절

▶ 즐거운 추억속의 친구들과

▶ 그때 그 시절

Question 간단한 자기소개 부탁드립니다.

안녕하세요. 연극배우를 하고 있고, 영화와 드라마도 찍는 배우 오용입니다. 97년도에 연기를 시작해 올해 20년 차 배우가 되었습니다.

Question 어렸을 적 꿈이 배우였나요?

어릴 땐 특별히 꿈이 없었어요. 중학생 때는 국어 선생님이 되고 싶다고 생각했고, 고등학생 때는 사진 찍는 걸 좋아해 사진부에 들어가고 싶어 했죠. 사진부에 자리가 다 차서 우연히 들어가게 된 게 연극부였어요. 고등학교 2학년 때 소극장에서 〈신은 인간의 땅을 떠나라〉라는 작품을 본 적이 있습니다. 니체 작품에 대해 아무것도 몰랐지만 선배들이 보러 가자고 해서 갔죠. 구체적인 내용은 기억나지 않는데, 배우들이 무대 위에서 쏟아내는 에너지가 너무 좋았습니다. 그때부터 연극에 관심이 갔죠.

Question 사람들 앞에서 표현하는 걸 좋아했나요?

외향적이기만 하진 않았어요. 내성적이기도 한 어중간한 학생이었습니다. 소풍이나 행사에서 앞에 나가 장기자랑 하는 것도 별로 하고 싶지 않았어요. 그런데 왜인지 모르게 연극반 공연을 하는 건 재밌고 즐겁더라고요. 외아들로 혼자 자라서 그런지 친구들과 어울리는 걸 좋아해서 그랬던 것 같아요. 진지한 작품도 좋지만, 무대에서 장난치거나, 코미디극을 하는 것도 좋아했어요. 행복하기 위해서 무대에 서는 거니까요. 축제 때 연극 공연을 하고 나면 친구들이 잘한다고 칭찬해주는데, 칭찬에 서툴러서 하지 말라며 쑥스러워했습니다. 하지만 내심 속으로는 뿌듯해하고 좋아했죠.

그럼, 언제부터 배우가 되겠다고 생각하셨나요?

처음엔 배우가 될 생각은 없었어요. 그러다 고등학교 2학년 때, 〈유랑극단 쇼팔로비치〉의 주인공을 맡게 되었어요. '이런 게 있네?'라는 정도의 막연한 관심은 생겼지만, 다들 이과에 가기에 저도 이과로 진학했죠. 성적은 점점 바닥을 쳤고요. 그런데 연극 작업을 하면 할수록 사람들 만나는 게 참 좋더라고요. '연극을 해봐야 하는 건가?'라는 고민이 시작되던 즈음, 중앙대학교 연극영화과를 다니던 선배를 보고 연극영화과로 진학해야겠단 마음이 들었습니다. 예체능 과가 따로 없어서 문과로 전과했고, 담임 선생님께 말씀드렸어요. 물론, 선생님께서는 제가 중앙대학교에 들어간다는 건 불가능하다며 말도 안 되는 소리 말라고 하셨죠. 대학교 입학 원서를 낼 때도 다른 데 써주겠다고 하셨어요. 어머니께서 학교에 찾아오셔서 제가 원하는 곳에 꼭 원서를 써달라고 부탁하셨죠. 결국, 그 해에는 떨어졌지만 재수하면서 다행히 점수가 100점 정도 올라 중앙대 연극영화과에 들어가게 됐습니다. 백 점이나 올랐다는 걸 아무도 안 믿었지만, 목표가 있으면 열심히 하게 되잖아요.

연극영화과로 진로를 정할 때 가족의 반대는 없었나요?

부모님께서 진로에 대해서 크게 간섭하지 않으신 편이라, 특별히 심한 반대는 없었습니다. 제가 공부를 워낙 안 해서, 좋은 대학교를 보내야겠다는 생각은 안 하셨어요. 그저 알아서 졸업하고, 기술 배워서 돈 벌고, 자기 앞가림하면 된다고 생각하셨죠. 제가 연극영화과에 가겠다고 말씀드리니 아버지께서는 웃으시면서 되지도 않을 거니 맘대로 해보라고 하셨어요. 아니나 다를까, 첫 입시에서 떨어지자마자 제게 포크레인 기술을 배우라고 하시더라고요. 한 번만 더 해보고 안되면 중장비 기술을 배우겠다 말씀드렸는데, 합격하게 됐죠.

대학 시절은 어떻게 보내셨는지 궁금합니다.

공연만 열심히 하다 보니 성적이 좋진 않았어요. 늘 공연 작업을 하며 밤새고, 선배들을 도와주며 보냈죠. 춘계 공연, 추계 공연이라고, 방학에도 선배끼리 돈을 모아서 공연했거든요. 연습을 안성에서 하고, 공연은 서울에서 했는데 입학하기 전부터 가서 돕곤 했습니다. 전공은 A+, A를 맞고도, 교양과목은 다 F를 받았어요. 과 대표였는데도 불구하고 1학년 1학기, 2학기 모두 학사경고를 받았죠. 3번 받으면 제적이라 2학년이 되어 공부를 조금 하다 군대에 가게 됐습니다.

Question 대학 시절 연극 공연 준비를 하며 어려움은 없었나요?

선배들과 함께 활동하며 좋은 점도, 싫은 점도 있었죠. 선배들의 작업을 보며 '나라면 어떻게 할까?' 고민하고 생각하는 시간을 많이 가질 수 있었어요. 그걸 실제에 적용하는 과정이 참 즐거웠죠. 하지만 공연 준비 작업을 워낙 많이 하다 보니까 스트레스도 많았습니다. 일만 있으면 불러내고, 제 학업에는 소홀하게 되고, 일을 도와주는 데도 잘 못 하면 욕도 먹고, 이 사람과 좀 친해지면 저 사람이 서운해하기도 하고요. '이러려고 대학에 왔나'라는 생각도 많이 했습니다. 하지만 공연을 준비하면서 대본 리딩을 하고, 연습하고, 무대 동선을 그리고, 소품을 준비하는 등 함께 한다는 게 좋았어요. 하나하나 모든 작업을 혼자는 할 수 없으니까요. 하루를 마치면 서로 자취방에 가서 온갖 얘기를 하다 잠들곤 하던, 그 시절이 좋았죠.

나를
깨고
자유로워지다

▶ 무대 위에서

▶ 배우와 관객 사이에 흐르는 연기

Question 주로 어떤 공연을 하셨나요?

소극장 공연을 많이 했어요. 실험극과 자연스러운 연기를 좋아했죠. 우리 학교는 대극장 스타일이라서 선배들은 저를 보고 이상하다는 말을 많이 했어요. 하지만 좋으니까 어쩔 수 없죠. 마음 맞는 친구들과 조그만 연극을 많이 했습니다. 수업에서 하는 작품이면 주인공보다는 재미있는 역할을 주로 하고요.

데뷔작은 1997년, 〈거꾸로 가는 리어〉였습니다. 군대에 다녀왔을 때, 한 선배가 그 작품을 하고 계셔서 놀러 간 적이 있어요. 연습을 구경하다가, 한 사람이 두 역할을 하는 것을 보고 두 역할을 분리하는 것이 어떠냐 의견을 말씀드렸더니 제게 그 역할을 맡겨 주셨어요.

Question 극단에는 어떻게 들어가게 되었나요?

졸업할 즈음에 극단 '연우무대'에서 〈락희맨쇼〉를 하게 됐습니다. 친했던 형이 연출을 맡으며, 제게 한 역할을 권한 게 시작이었죠. 그렇게 극단 연우무대와 연을 맺고 객원 배우로 2~3년 작업을 했습니다. 더 놀고 싶고, 새로움에 부딪혀보고 싶은 갈증이 있어서 극단 연우무대를 벗어나 있다가 극단 '차이무'에 들어가게 되었습니다. 지금까지 둥지를 틀고 있는 극단이에요.

가장 기억에 남는 작품을 소개해주세요.

2005년 일본 작품 중, 노다 히데끼가 연출한 연극 〈빨간 도깨비〉가 큰 영향을 주었습니다. '연극을 한다는 게 이런 거구나!'라는 느낌을 받았어요. 별거 없는 간단한 내용이었는데 작업 과정이 너무 즐거웠습니다. 이전에는 슬프지 않아도 눈물을 흘려야 하는 장면에서, 눈물을 어떻게 흘려야 할지 몰랐어요. 우는 감정에 익숙하지 않아서 가짜로 울게 되더라고요. '무대에서 진짜로 자유롭게 논다는 건 뭘까? 진짜 연기는 어떻게 해야 하지?'라는 고민을 참 많이 했죠.

어느 날 오디션을 통해 우연히 캐스팅되어 〈빨간 도깨비〉를 하다가, 마지막 장면에서 저도 모르게 펑펑 울고 있는 자신을 발견했어요. 깜짝 놀랐어요. '아, 이거구나. 내가 울 줄 아는 사람이었구나' 새삼 깨달았죠.

역할에 대한 편견을 깨게 된 캐릭터가 있었나요?

극단 '공연배달서비스 간다'의 대학로 공연 〈나와 할아버지〉에서 할아버지 역할을 맡은 적이 있습니다. 연출을 맡은 친구가 제게 작가를 시킬 줄 알았는데 할아버지 역할을 하라고 해서 거절했죠. 할아버지와 살아본 적이 없어서 할아버지에 대해서는 전혀 몰랐거든요. 계속되는 권유 끝에 할아버지 역할을 하게 됐는데, 하길 잘 했다는 생각이 들었습니다. 손자와 함께 차에서 내리는 장면에서 '이런 게 가슴 찡한 거구나' 느꼈습니다. 그 후로 〈반신〉이라는 연극에 '노수학자' 역할 등 할아버지 역할을 종종 하게 됐어요. 대부분 재밌는 캐릭터였죠.

　기본적으로 모든 공연은 어렵고 힘듭니다. 어떤 작품이든 힘들지 않았던 작품은 없었어요. 작품 속에서 역할에 대해 계속 고민하다 보면, 어느 순간 고민했던 지점이 열리면서 모든 게 보일 때가 있거든요. 마치 우리가 음악이나 영어를 배울 때, 계속 막히다가 어느 순간 하나를 깨달으면 많은 것들이 이해되는 것처럼요. 공연을 준비하면서 정체 상태에서 깨부숴져 열리는 그 희열이 없을 때 가장 힘들어요. 반복되는 훈련과 생각이 도움이 될 때도 있지만, 발상의 전환이 필요할 때가 분명히 있습니다. 자기 생각의 틀에 갇혀 있다 보면 아무것도 보이지 않을 때가 있거든요. 너무 막혀있다는 느낌이 들 때는 문제에서 잠시 떨어져 있어 보는 것이 좋습니다. 그럼 어느 순간 그 고민은 해결되어있고, 한 단계 성장할 수 있게 되죠.

　서른 초반에 연극을 계속할지 말지 고민을 했었습니다. 제가 하는 연기도, 연극도 다 똑같다는 느낌이 들었어요. 제가 연기를 못하는 것만 같고, '왜 달라지지 않지?'라는 고민에 빠져 있었죠. 주위 사람들은 칭찬을 해주지만, 저 스스로 저를 막고 있던 거죠. 참 답답하고 힘들었습니다. 연극을 그만두고 다른 일을 해볼까 생각도 해봤지만, 배운 게 이것밖에 없어서 할 수 있는 게 아무것도 없는 거예요. 어떻게 벗어나야 할까 한참을 고민했습니다. 그러다 어느 순간 이런 생각이 들었어요. '내가 아무리 발버둥 쳐봤자 나는 나인데 왜 달라지려고 하지?' 자신을 받아들이고, 인정하면 되는데 말이에요. '내가 지금 하는 일에 충실히 하다 보면 어느새 달라져 있을걸?'이라고 마음먹는 순간 모든 게 바뀌었어요. '연기 변신'이라는 건 없어요. 배우가 가지고 있는 마음에 따라 관객들에게 다르게 전달된다고 생각해요. 연기란 배우와 관객 사이에 있거든요. 지금은 저 자신을 바꾸려는 생각을 하지 않습니다. 모두 제 마음에 달려있으니까요.

힘든 순간에 도움이 됐던 한 마디가 있다면 무엇이었나요?

〈락희맨쇼〉를 하며 정석용 형에게 "왜 난 다 똑같지? 연기는 어떻게 해야 해?"라고 물어본 적이 있어요. 형이 아무렇지도 않게 "막 해~ 이 자식아~"라고 하는 거예요. '막 해? 막 해도 되나?' 엄청 고민했는데, 생각해보니까 그게 맞더라고요. 상황에 충실하면 되는 건데 자꾸 만들고 짜다 보니까 연기가 안 된다고 생각하고 있던 거예요. 그때부터 어떻게 되든 막 해보려고 했어요. 막상 막 하려니 쉽지도 않았습니다. 야구도, 농구도, 막 하려면 힘을 빼야 하거든요. 연기도 힘이 들어가는 순간 긴장되고 딱딱해지면서 아무 감정이 생기지 않아요. 힘을 빼고 하려면, 그 전까지 충분한 경지에 올라야 여유가 생기는 거죠. 그렇게 '막' 연기하는 배우들이 참 대단하다고 생각해요. 극단 차이무의 배우들이 연기를 참 잘하는데, 전혜진 배우도 그 중 하나예요.

Question **개인적으로 좋아하는 배우가 있나요?**

찰리 채플린을 참 좋아합니다. 그가 표현하는 코미디에는 여러 가지 삶의 모습이 있어요. 코미디는 마냥 웃긴 장르는 아니에요. 찰리 채플린이 영화에서 보여주는 삶은 정말 슬픈 삶이지만 관객들이 보기엔 웃음이 나오는 상황인 거죠. 그런 상황을 잘 담아낼 수 있는 배우인 것 같아요.

사람과 사람 사이에서 만들어지는 연기

▶ 연출과 배우, 모든 스태프가 하나되는 연극의 매력

▶ 관객과 교감하는 배우로

▶ 나의 프로필 사진

배우를 준비하는 학생들은 어떤 것을 중요하게 생각해야 할까요?

　사람과 사람 사이의 관계가 중요합니다. 제 선생님께서 연기는 사람에게서 나오는 게 아니라, 사람과 사람 사이에 있는 거라고 하셨어요. 곱씹어보면 그런 것 같아요. 제가 내뱉은 대화와 다른 사람이 내뱉은 대화가 만나서 관계가 형성되는 거잖아요. 관객은 그걸 보고서 무대 위 사람들이 나누는 대화와 감정을 알아가는 거니까요. 그 교류가 싫다면 일인극을 해야겠죠. 하지만 일인극도 엄연히 관객과의 소통이자 교감이에요. 배우가 말하는 것을 관객들이 한 부분을, 혹은 전체를 받아들이는 거죠. 일방적인 강요는 배우의 역할이라고 할 수 없어요.

　성향이라는 면에서도, 외향적인 성격이나 흔히 말하는 '끼'가 배우가 되는 데 가장 중요한 요소는 아닌 것 같아요. 외향적인 사람이라도 무대에 서는 걸 어려워하기도 하고, 내성적이라고 연기 표현을 못 하거나 소통을 못 하는 건 아니거든요. 어떤 성향이 더 어울리느냐보다는 연극을 좋아하느냐가 가장 먼저인 것 같아요.

Question 여러 장르 중 연극만의 매력은 무엇인가요?

　처음부터 끝까지 연출과 배우, 모든 스태프가 뭉쳐서 한다는 점이 가장 큰 매력이에요. 드라마는 제 분량의 대사만 카메라 앞에서 하면 되고, 영화도 해당 장면에서만 만나 촬영하는 경우가 많죠. 연극은 시작부터 끝까지 함께 만들어간다는 유대감이 큽니다. 한 작품에 더블 캐스팅이나 트리플 캐스팅일 경우에도 배우가 각자 고민하지만, 완전히 다른 작품이 나오지 않도록 서로 이야기하고, 교류하며 준비하고요.

비정규적인 직업이다 보니 경제적으로 힘들 때는 없나요?

작업이 없을 때도 꽤 많고, 솔직히 힘듭니다. 개인적으로는 공백기에 다른 경제 활동은 아무것도 안 하는 편입니다. 아르바이트하기도 애매하고요. 하지만 모든 연극배우들이 아무 일도 하지 않고 작품만 기다리고 있기가 쉽진 않습니다. 저는 대신, 혹시 모를 때를 대비하기 위해 여러 가지를 배우는 준비 기간으로 삼아요. 피아노를 배우거나, 배드민턴을 배우거나요. 예전에는 다른 배우들과 아크로바틱을 배우기도 했습니다. 다행히 중간중간 드라마나 영화를 하게 되면 연극보다는 수입이 많아서, 연극을 쉴 때의 공백은 메울 수 있을 정도가 됩니다.

Question

가족들은 배우라는 직업에 대해 어떻게 생각하나요?

직접 물어본 적은 없지만, 아내 말에 따르면 아이들이 아빠가 배우라는 걸 은근히 좋아한다고 해요. 제가 출연하는 연극도 거의 다 보죠. 둘째 딸은 연극을 보고 '아빠는 웃는 게 너무 어색하다'고 말해주기도 하고요. 하하. 흐뭇해 합니다. 하지만 너무 힘든 직업이라 딸들에게는 추천하고 싶지 않은 직업이네요.

부모님은 어른들이 다 그러시듯, 연극배우는 배고픈 직업이라고 생각하시죠. 예전에는 몇 번 텔레비전에도 나왔는데 왜 요즘은 안보이냐고 하시기도 하고요. 많은 대중에게 노출되는 직업이라고 생각하시는데, 텔레비전에 나오지 않으면 잘 안 되고 있다고 생각하세요. 잘 안 되는 건 아닌데 말이에요.

Question 앞으로 이루고 싶은 목표가 궁금합니다.

제 이름을 건 '인생 작품'을 꼭 하나 만들어 보고 싶어요. 연출이든, 연기든, 아는 사람들과 함께 제힘으로 재밌는 작품을 만들어 보고 싶습니다.

Question 마지막으로, 학생들에게 한 마디 부탁드려요.

경험이 가장 중요한 거 같아요. 너무 고민만 하지 말고 무엇이든 많이 해보세요! 넓게 보고, 여러 곳에 다녀보고, 깊게 고민하고, 충분히 놀고요! 부딪히며 도전하는 여러분들이 되기를 바랍니다.

기계 만지는 걸 좋아해 자동차 정비과에 들어가고 싶었지만, 성적 커트라인에 못 미쳐 디자인과에 가게 되었다. 자동차 디자인을 하고 싶었지만, 대학 수업에서는 자동차 디자인을 비중 있게 다루지 않았다. 그러던 중 취미로 배우기 시작한 노래는 디자인보다 재미있었다. '하루하루를 재미있게 살자'는 좌우명을 따라 학교를 그만두고 가수가 되는 길을 알아보다가, 친한 형의 추천으로 뮤지컬 오디션을 보게 되었다. 앙상블로 뮤지컬 배우 활동을 시작하며, 작품과 동료들에게 누가 되지 않기 위해 보이지 않는 곳에서 몇 배로 더 연습했다. 배우로서 수십 가지 다른 인생을 살아볼 수 있다는 건 가장 매력적이고 감사한 일이다. 반짝 뜨는 배우보다는 오래오래 같이 작품을 할 수 있는 사람으로 남고 싶다. 나이가 들어서도 물러서지 않고, 크고 작은 역할과 상관없이 끝까지 무대 위에 서는 모습을 기대해본다.

뮤지컬 배우
이승조

- 드라마
  <모히또>, <퍼펙트센스>
- 영화
  <촌능력전쟁>, <전라도의 시>, <까페서울>, <로닌 팝>, <주문진>, <그리울 련>
- 뮤지컬
  <그 사랑>, <호오이스토리>, <모차르트 오페라 락>, <맘마미아>, <정난주>, <갬블러>, <파우스트>, <카르멘>, <아빠의 노래>, <브레맨음악대> 외 다수

배우의 스케줄

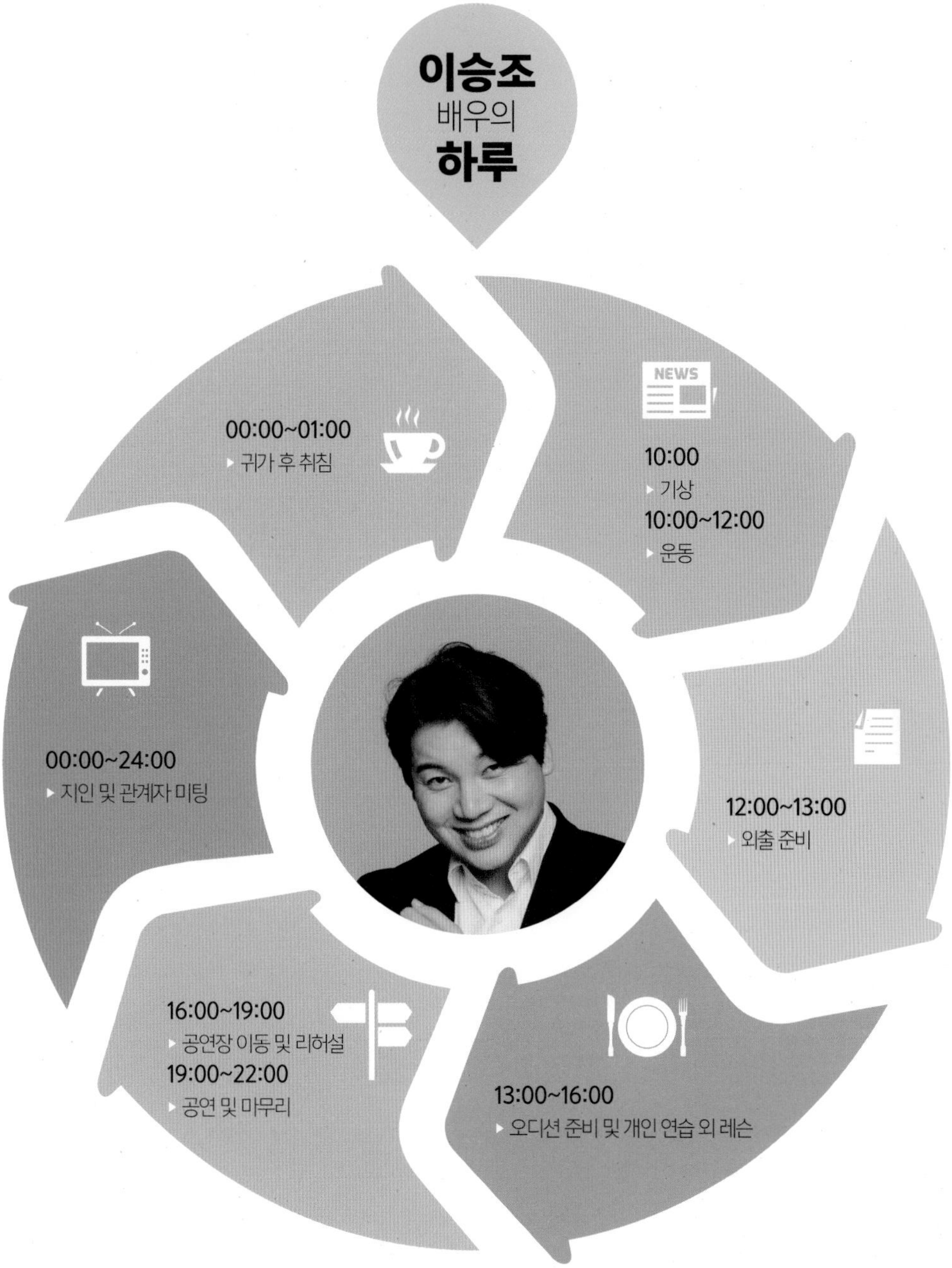

이승조
배우의
하루

00:00~01:00
▸ 귀가 후 취침

10:00
▸ 기상
10:00~12:00
▸ 운동

00:00~24:00
▸ 지인 및 관계자 미팅

12:00~13:00
▸ 외출 준비

16:00~19:00
▸ 공연장 이동 및 리허설
19:00~22:00
▸ 공연 및 마무리

13:00~16:00
▸ 오디션 준비 및 개인 연습 외 레슨

소심함을
떨치고
친구들
앞에 서다

▶ 열심을 다했던 디자인과 생활

▶ 친구들 앞에서 공연을 하며

▶ 카메라로 들여다 본 세상

어린 시절 어떤 학생이었나요?

중학생 때까지는 굉장히 소심하고 조용한 학생이었어요. 고등학교에 올라와 성격이 많이 변했죠. 중학교에서 고등학교를 같이 올라온 한 친구가 반장이 하기 싫다고 저를 밀어, 얼떨결에 반장을 맡게 되었거든요. 어느 정도로 소심했냐면, 반장이 되고 나서도 일주일이나 '차렷, 경례!'를 못했어요. 그러다 이렇게 간단한 일 하나도 못 하는 저 자신이 바보 같다는 생각이 들어서, 일주일 만에 '차렷, 경례!'를 하게 되었죠. 그 후로 한순간에 다른 사람이 되었어요. 선생님은 제가 반장이라 앞에 나서는 일을 많이 시키셨어요. 수련회에서 MC를 맡고, 레크레이션 진행하고, 친구들이 혼날 때도 제가 앞에 나가서 혼나고요. 이런 일이 계속 생기다 보니 활동적으로 바뀌었습니다.

Question 친구들 앞에 자연스럽게 서게 되면서부터 배우의 꿈을 꾸셨나요?

아니요. 저는 디자인과로 고등학교 진학을 했어요. 기계 만지는 걸 좋아해서 자동차 정비과를 선택했지만, 성적 커트라인에 못 미쳐 불가피하게 디자인과에 가게 되었습니다. 디자인과도 거의 꼴찌로 들어갔어요. 꿈과 현실이 연계되면 좋을 텐데, 그렇지 않았죠. 일단 디자인과에 들어갔으니 창피하지 않도록 열심히 했고, 열심히 하다 보니 재미가 붙었어요. 수동적으로 살다가, 디자인 덕분에 삶의 태도가 능동

▲ 학창 시절

적으로 바뀌게 되었습니다. 디자인을 해보니까 자동차 디자인이 눈에 들어와서, 자동차 디자인을 하기로 마음먹었어요. 대학도 디자인 학과에 진학했죠.

Question 대학 시절은 어떻게 보내셨나요?

그런데 자동차 디자인의 꿈을 이어나갈 수 없는 상황이 되어 버렸어요. 자동차 디자인을 전문적, 집중적으로 배우고 싶었는데, 학교에서는 제가 기대한 만큼 그 과정을 다루지 않았거든요. 학교 수업에 흥미를 잃기 시작했습니다. 그러한 상황에서 군대에 다녀온 후, 복학하기 전 취미로 노래를 배우게 되었어요. 노래로 상도 받고, 잘 한다는 소리도 들으니 어깨에 힘이 들어갈 정도의 자신감이 생겼습니다.

Question 배우의 길을 걷게 된 계기가 궁금합니다.

노래에 흥미를 느끼면서, 디자인보다는 노래를 하는 게 좋겠다는 생각이 들었어요. 학교를 그만두고 노래 학원을 계속 다니면서 가수가 되는 길을 찾아보았습니다. 제 좌우명은 '하루하루를 재미있게 살자'이거든요. 그러던 중에 〈렌트〉에서 드럼을 치고 있던 친한 형이 제가 뮤지컬에 어울릴 것 같다며 오디션을 추천하더라고요. 형 덕분에 〈렌트〉 공연을 보고 뮤지컬 장르를 처음 접했는데 '와, 세상에 이런 것도 있구나!' 라며 충격을 받고 지원서를 찢어버렸어요. 저는 뮤지컬의 '뮤' 자도 모르던 사람인데, 무대 위 너무 멋진 배우들을 보며 뮤지컬은 아무나 하는 게 아니라는 생각이 들었어요. 그런

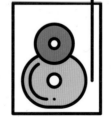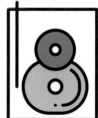

데 일주일 후에 그 형이 오디션 왜 지원 안 했냐며 빨리 뛰어오라고 하는 말에, 안 가면 혼날 것 같아서 일단 오디션을 보러 갔습니다. 등 떠밀려 보게 된 오디션이 바로 〈맘마미아〉였어요. 그 오디션에 운이 좋게도 합격하면서, 앙상블로 뮤지컬 배우 활동을 시작하게 되었습니다.

Question 첫 작품을 하며 어떤 점을 새로 알게 되었는지 궁금해요.

저는 춤과 연기를 해보지 못한 상태에서 작품에 들어갔으니 모르는 게 많았어요. 1부터 100까지 모두 새로 배웠죠. 무대에 서는 것과 걷는 것부터 연기와 넘버링까지 모두요. 그때 느낀 건, 똑똑하고 눈치가 빠르면 무대에서 왔다 갔다 할 순 있겠더라고요. 하하. 무대가 끝나고 박수를 받을 때의 희열, 상대방과 호흡이 맞았을 때의 쾌감 등 모든 게 좋았지만, 가장 좋았던 선 무대에서 제가 아닌 다른 인생을 살아볼 수 있다는 점이었어요. 힘들면서도 재미있었죠.

보이지
않는 곳에서
흘린
땀방울

▶ 보컬을 배우며

▶ 노래가 재미있던 시절

▶ 무대 위 가장 빛나는 순간

처음 무대를 경험하고 나서, 이 일을 계속 해야겠다고 생각한 이유는 무엇인가요?

아무것도 모르는 상태에서 제가 뮤지컬을 해낼 수 있었다는 성취감이었죠. 아이러니하게 도 디자인을 할 때는 제가 1등을 할 수 있다는 자신감이 있었어요. 말도 안 되는 자신감이 있 어서 포기할 수 있었던 것 같아요. 그런데, 뮤지컬은 1등 할 수 있겠다는 자신감이 없었죠. 한 자리에 머무르지 않고 도전할 수 있다는 도전 의식이 좋아서 계속하게 된 것 같아요. 물론 노 래하는 걸 무엇보다 좋아했고요. 몸으로 하는 건 자신 있었기 때문에, '우선 해보자'라고 마 음먹었습니다. 늘 연습에 들어가자마자 제가 할 수 있는 일부터 찾았어요.

뮤지컬을 하겠다고 했을 때, 가족의 반대는 없었나요?

부모님이 반대하셨어요. 그래서 집에서 쫓겨났죠. 하지만 가 족의 반대 때문에 하고 싶은 일을 못 한다고 생각하지 않았습 니다. 집을 나와 학원 휴게실에서 6개월 동안 살며 일을 했어 요. 이런 상황이 오히려 꿈을 향해 더 나아가려는 의지와 열정 을 자극한 것 같아요.

뮤지컬을 좀 더 일찍 시작했으면 좋았겠다고 아쉬움을 느끼진 않았나요?

늦은 시작에 대한 후회나 아쉬움은 없어요. 디자인을 배우면서 자료 조사를 통해 얻은 소스가 배우 활동을 하는 데도 많은 도움이 됐습니다. 자료 조사를 얼마나 어떻게 하느냐에 따라서 디자인이 달라지듯, 배우도 배역을 얼마나 많이 조사하고 공부했느냐에 따라 그 모습이 달라진다는 점이 비슷하거든요. 물론 제가 연기 전공을 하지 않았기 때문에 작품을 처음으로 같이 하는 사람들은 걱정할 수 있었겠죠. 저도 작품과 동료들에게 누를 끼치지 않기 위해 더 미친 듯이 연습했습니다.

연기와 노래, 춤 등 부족한 부분은 어떻게 채우셨는지 궁금해요.

저는 공연 분야와 관련해서 학연, 지연이 전혀 없기 때문에 혼자서 배웠습니다. 어깨너머로 배우기도 하고, 한 분에게 몰래 가르쳐 달라고 부탁하기도 하면서요. 못하는 모습을 다른 사람들에게 보이고 싶지 않아서 더 그랬던 것 같아요.

예를 들어 뮤지컬 〈겜블러〉를 할 때였어요. 〈겜블러〉에는 재즈를 바탕으로 하는 춤이 많은데, 저는 재즈를 배운 적이 없었죠. 제일 먼저 다리 찢기부터 연습했어요. 그건 저 혼자서도 할 수 있으니까요. 그 외의 기술적인 부분은 선뜻 시작하지 못하고 다른 사람들이 하는 걸 지켜보며 따라 했습니다. 그래도 안 되는 동작이 있으면 잘 하는 배우에게 가서 동작의 디테일이나 카운트 등을 알려달라고 부탁했어요. 다른 배우들이 모두 가고 나면 따로 남아서 물어보거나, 다른 연습실에 가서 물어봤죠. 제 실력이 부족하다는 사실 때문에 다른 배우들이 걱정하거나 부담을 느끼게 해서는 안 되니까요. 돈을 받고 무대에 서는 순간 프로니까요.

Question 연기할 때 표현하기 어려운 부분이 있을 때는 어떻게 준비하나요?

작품을 만드는 사람과 이야기를 많이 해야 합니다. 배우로 서고 나면, 아무도 제게 어떻게 연기하라고 알려주지 않아요. 오직 연출가와 상의하며 만들어가죠. 배우는 연출가의 의도대로 표현하는 사람이에요. 제가 보여주고 싶은 것만 보여주는 게 아니라, 연출가가 말하는 바대로 연기해야 하죠. 처음 배역을 맡았을 때, 배우가 캐릭터 분석도 하고 여러 가지 콘셉트도 정해서 가지만, 결국은 연출가와 상의해서 합의를 끌어내고, 연출가가 제시한 걸 만들어 표현할 줄 알아야 합니다. 나와 생각이 다르다고 울어야 하는 장면에서 울지 않겠다고 고집부리는 건 똥 배우예요. 그 장면에서 울 수 있는 감정을 나답게 만들어 낼 줄 아는 배우가 좋은 배우라고 생각해요.

▲ 드라마 <모히또> 촬영 현장에서 배우들과
(사전 제작, 2018년 방영 예정)

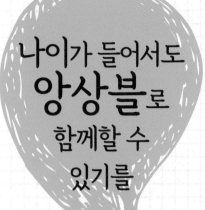

나이가 들어서도
앙상블로
함께할 수
있기를

▶ 공연이 끝나고

▶ 무대를 준비하는 순간

▶ 나이가 들어도 끝까지 배우일 수 있기를

Question ## 어떤 작품이 가장 기억에 남나요?

〈모차르트 락〉이에요. 작품 자체는 가장 재미있었지만, 개인적으로 가장 힘들었던 작품입니다. 제가 맡은 캐릭터를 만들어가는 과정에서 갈피를 못 잡고 참 힘들었어요. 배우들은 무대의 공포감을 한 번씩 겪곤 합니다. 데뷔하고 10년 정도 되었을 때예요. '내가 과연 잘 할 수 있을까?', '관객이 나를 볼 때 어떻게 평가할까?' 끊임없이 질문하며 자신감이 없어진 거죠. 배우는 일단 무대에 서면, 배우의 것을 가지고 쭉 가야 해요. 그런데 자신의 것을 못 믿게 되는 상황이 오게 된 거죠. 연습할 때도 해야 할 것들을 못 해내는 제 모습을 보았고, 불안하고 겁이 나서 무대에 오르기가 싫었습니다. 배우를 그만두어야겠다고까지 생각했어요.

Question ## 그 과정을 어떻게 극복하셨나요?

10년 동안 해오던 일이다 보니, 어쩔 수 없이 인맥도 공연 분야의 사람들이라 중간중간 갈라쇼나 촬영 등 일을 하게 되더라고요. 고민하고 기도하던 중에 '잘하든 못하든 계속 무대에 서야겠다'고 결심했습니다. 큰 배역을 맡지 못하더라도, 단역만 하더라도 배우를 할 거라고요. 두 달 동안 체중을 18kg 감량하며 다시 준비했습니다. 그러다 〈호오이 스토리〉라는 작품을 만나게 되어 자연스럽게 다시 공연하게 되었죠.

Question 작품과 작품 사이 공백 기간에는 주로 무엇을 하시나요?

무대에 서고 나면 생각보다 체력이 많이 고갈되기 때문에, 작품이 끝나면 몇 주는 쉬면서 체력을 회복하는 데 힘을 씁니다. 그다음엔 부족한 부분을 채우는 데 시간을 투자해요. 제 경우는 처음부터 차근차근 배우가 되는 과정을 밟아오지 않았기 때문에, 음악을 배우거나 발성을 다시 배우기도 합니다. 춤 실력이 모자라면 춤을 배우기도 하고요. 공연하면서 제게 부족한 부분을 찾고, 공백 기간에 레슨을 받습니다. 그러다 새로운 작품 들어가기 전까지는 개인 트레이닝을 하죠.

Question 배우를 준비하는 학생들이 가장 먼저 준비해야 하는 것은 무엇일까요?

일단 실력은 기본이에요. 잘 해야 오디션에 뽑히니까요. 실력만큼이나 중요한 건 바로 인성입니다. 뮤지컬 무대를 만들어가는 일은 사람과의 관계 속에서 이루어지는 활동이에요. 모두 좋은 사람들과 재미있게 작업하기를 바라지, 함께 일하기 어려운 사람과 힘들게 작업하는 걸 원하진 않겠죠? 뮤지컬 배우가 되고 사람들에게 칭찬과 관심을 받으면, 본인이 잘났다고 생각하게 되고 자연스레 주변 사람들을 무시하게 될 수도 있어요. 그러면 실력이 아무리 뛰어나더라도 오래 작품을 하기는 어렵습니다.

뮤지컬 배우라는 직업을 추천하실 의향이 있으신가요?

재미있지만 힘든 직업입니다. '뮤지컬 배우'라고 하면 사람들이 우러러보는 시선을 보내기도 합니다. 하지만 실상은 평범한 직장생활을 하는 사람들보다 경제적으로 어려운 경우도 많죠. 고생하더라도 할 마음이 있다면 추천하고 싶습니다. 저는 이 직업만큼 재밌는 일은 없는 것 같아요. 이상을 보고 뛰어들어, 현실과 싸울 수 있다면 배우로서 행복할 수 있을 것 같습니다.

만약, 배우를 하고 싶은데 경제적 문제나 부모님의 반대 등으로 걱정하고 있는 학생이 있다면 일단 하고 싶은 대로 다 해보라고 권하고 싶습니다. 경험해 본 것과 경험해보지 않은 것의 차이는 큽니다. 모든 도전은 경험이 되고, 그 경험은 꼭 배우가 아니라 다른 어떤 일을 하더라도 좋은 양분이 되거든요.

Question **앞으로의 목표가 있다면 들려주세요.**

한 번 인생을 살면서, 배우로서 제 인생뿐만 아니라 수십 가지 다른 인생을 살아볼 수 있다는 것 자체만으로 감사한 일입니다. 배우로서 목표가 있다면, 반짝 뜨는 배우보다는 오래오래 재밌게 같이 작품을 할 수 있는 사람이 되고 싶어요. 꼭 스타가 되지 않아도 스트레스받지 않고, 60살이 되어서도 앙

상블로 함께할 수 있는 배우요. 나이가 들어도 '와, 저렇게도 앙상블을 할 수 있구나'라는 소리를 들으며 끝까지 배우로 살고 싶어요.

고등학교 3학년, 슬럼프가 찾아왔다. 무엇인지도 잘 모르는 과를 선택하면 과연 행복할까? 행복했던 시절을 떠올려 보았다. 교회를 다니면서 성극을 준비하던 시간, 친구들과 핑클 무대를 따라 하며 춤추던 시간. 대학에 가서 '연기'를 배워야겠다고 생각했다. 시작은 늦었지만, 늦게까지 연습하다 막차를 타고 집에 오며 입시를 준비했다. 서울예술대학교에 진학해, 존경하는 교수님을 통해 진심으로 연기하는 방법을 배웠다. 촬영 현장은 결코 쉽지 않았다. 진로에 대해 고민하다, 후회하지 않을 만큼 해보자고 결심했고 결국 다시 카메라 앞에 설 수 있게 되었다. 연기를 반대했던 부모님께서, 방송 전부터 TV 앞에서 대기하고 계시며 큰 응원을 보내주실 때 가장 뿌듯하다. 꿈에 도전하며 살아간다는 건 무척이나 행복한 일이다. 앞으로도 평생 연기할 수 있는 배우로 살고 싶다.

탤런트
정다솔

● 드라마
<애타는 로맨스>, <엽기적인 그녀>, <처용 2>,
<별난 며느리>, <백년의 유산>, <꽃보다 남자> 외 다수

배우의 스케줄

정다솔 배우의 하루

00:00
▶ 귀가 후 취침

05:00~05:30
▶ 기상 및 아침 식사
05:30~06:30
▶ 매니저와 만나서 이동

15:00~00:00
▶ 촬영

06:30~07:30
▶ 헤어 및 메이크업
07:30~09:00
▶ 촬영장으로 이동

12:30~13:00
▶ 헤어 및 메이크업 수정
13:00~15:00
▶ 당일 촬영 리허설

09:00~11:00
▶ 대본 리딩
11:00~12:30
▶ 점심 식사

나를
행복하게
하는
일을 찾아서

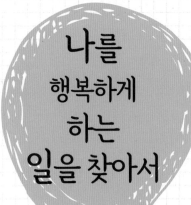

▶ 장난감 악기를 가지고 놀며

▶ 열심히 율동 중

▶ 예쁜 드레스를 입고

▶ 음악제에서 피아노 연주

배우라는 직업을 소개해주세요.

배우는 굉장히 화려해 보이고, 다가가기 힘들어 보이는 직업이라고 생각하는 친구들이 많을 거예요. 하지만 우리 옆에 항상 있는 친구나 가족처럼 평범한 사람들이랍니다. 화려한 스타도 많지만, 아직도 오랜 시간 고군분투하며 배우의 꿈을 품고 분들도 많아요. 쉽지 않은 길이라 힘들고, 응원이 많이 필요합니다. 꿈을 위해 나아가는 배우들을 애정이 어린 시선으로 바라봐주셨으면 좋겠어요.

Question **어린 시절부터 배우를 꿈꾸셨나요?**

학창시절에는 별다른 꿈이 없었어요. 친구들을 따라 피아노 학원에 다니면서, '나도 나중에 예쁜 피아노 선생님처럼 되면 좋겠다' 막연하게 생각하는 정도였죠. 정말 이루고자 하는 목표를 갖고, 그 꿈을 위해 무언가를 해본 적인 없었습니다.

Question **그렇다면 배우라는 꿈을 가지게 된 계기는 무엇이었나요?**

고등학교 3학년 때 슬럼프가 왔어요. 하루하루가 힘들고, 무엇을 위해 이렇게 공부를 해야 하는지 생각이 많았습니다. 막연하게 경영학과에 들어가는 걸 목표로 했고, 부모님도 경영학과에 가라고 권하셨었죠. 무엇인지도 잘 모르는 과를 선택하면 과연 행복할지 의문이 들었어요. 어렸을 적을 돌아보니 제가 교회를 다니면서 성극을 하던 시간을 참 좋아했던 기억이 났습니다. 일주일 동안 교회 가는 시간만 기다릴 정도로요. 수련회에 가면 콩트를 준비하거나, 당시에 한창 인기 있었던 핑클 무대를 따라 하며 춤추기도 했죠. '행복이란 게 그런 걸까?'라는 생각이 들더라고요. 그런 일을 하려면 어떤 대학에 들어가서 무얼 배워야 하는지 찾아보니, '연기' 같았어요.

Question 고등학교 3학년이라면 한창 대학 입시를 준비할 때인데, 부모님의 반응은 어땠나요?

연기하면 재밌고 행복하게 살 수 있을 것 같다고 부모님께 말씀을 드리니, 처음에는 심하게 반대하셨습니다. 수능과 원서 지원까지 2달 정도 밖에 안 남은 때였거든요. 딱 한 달 만이라도 연기를 배워보고, 정말 아니다 싶으면 경영학과를 갈 테니 도와달라고 말씀드렸는데도 완강하셨습니다. 평범하게 직장생활 하는 것도 힘든데, 무엇하러 더 힘든 길을 가려 하느냐고 하셨죠. 막연히 상상하는 것 보다 훨씬 험난할 수 있으니, 그냥 직장생활을 하다 적당한 시기에 결혼도 하면 좋겠다고 하셨어요. 하지만 그렇게 살면 부모님은 행복하실지 모르지만 저는 행복하지 않을 것 같았어요. 학원비 70만 원만 빌려주시면 나중에 아르바이트해서라도 갚겠다고 설득을 한 끝에 연기 학원에 등록했습니다.

짧은 기간 동안 준비하는 게 힘들었을 것 같아요.

연기 학원에 등록 전 배우 하기에 적합한 학생인지 여러 가지 테스트를 거쳤습니다. 음감 테스트도 하고, 대본을 보고 감정 연기하는 테스트도 하고요. 테스트 후에, 원장님께서 한 번 도전해봐도 좋을 것 같다고 해서 시작하게 되있습니다. 대학에 원서를 넣기까지 한 달 반밖에 남지 않은 시간이었지만, 아침 9시부터 저녁 11시까지 수업을 받고, 연습하고, 막차를 타고 집에 오는 생활을 하며 정말 열심히 했어요. 삼각김밥으로 끼니를 때우고, 스트레칭하다 온몸이 멍들었지만, 일과를 마치고 나면 참 뿌듯하고 재밌었습니다. 이게 바로 천직이라는 생각에 행복했죠. 그렇게 서울예술대학교에 진학하게 됐습니다.

Question 연기 전공으로 대학교에 진학한 후, 처음에 생각했던 것과는 달라서 힘든 부분이 있었나요?

신입생 때는 연기를 배우러 학교에 왔으니, 제가 행복할 연기만 하면 될 줄 알았어요. 입학한 학교에 황정민, 전도연, 손예진 선배님 등 제가 존경하는 배우분들이 많은데, 그분들이 배웠던 연기를 제가 배울거란 기대에 부풀어 있었죠. 그런데 그 시간에 철학, 미술사, 세계사 등을 교양 과목으로 배워야 하니까 힘들었습니다. 각 과목이 한 학문을 깊이 공부하고, 제 견
해를 발표하는 수업이 많았어요. 그 수업을 모두 연기 외의 것으로 생각하니 굳이 왜 해야 하는지 이해가 안 됐습니다. 이걸 배우지 않아도 연기를 잘할 수 있을 것 같은데 말이에요. 그런데 연기 지도 교수님께서, 연기는 세상의 모든 걸 연기해야 하는 일이라고 말씀해 주셨어요. 넓은 지식을 알면 알수록, 제가 표현할 수 있는 게 많아질 거라 하셨죠. 힘들고 어렵지만 다 연결되어있고, 이 교양과목 공부도 열심히 했을 때 더 좋은 연기를 하는 배우가 되겠다는 생각이 드니, 그 후로 어려웠던 교양 수업도 열심히 듣게 됐습니다.

Question 배우 생활을 하면서 크게 영향을 받은 분이나 멘토가 있나요?

일단 많은 경험을 할 수 있도록 해주신 부모님께 감사해요. 집이 부유하지 않은 편이라, 중학생 때 짬이 나면 아르바이트를 했어요. 전단 아르바이트를 하다가 팬시점 사장님과 친해져서, 팬시점 일을 도와드리기도 했는데요. 용돈을 벌어 쓰겠다고 시작한 아르바이트지만, 모르는 사람이나 어른들과 낯가림 없이 소통해야 하는 상황에서 값진 경험을 할 수 있었습니다. 대학 진학 후에도 마트

나 백화점에서 아르바이트하면서 할머니, 할아버지 고객분을 응대하기도 하고, 수많은 사람과 이야기해 볼 수 있던 시간이 제게는 자산이 되었어요.

그리고 대학에서는 제게 연기에 대해 깨닫게 도와주신, 이은지 교수님을 만났습니다. 짧은 기간 준비를 하고 대학에 와서 연기에 대해 아무것도 몰랐어요. 주어진 것만 하기도 급급해서, 뭔지 몰라도 용기만 가지고 일단 하곤 했죠. 1학년을 마치고 휴학 후에 돌아와 이은지 교수님께 배우게 되었는데, 진심으로 연기하는 방법을 알려주셨어요. 교수님의 수업 중에 하루는 아침에 일어나 학교 갈 준비하는 신(Scene)을 준비해야 했어요. 리얼리티로요. 그런데 막상 앞에서 제 모습을 기억해서 연기하려니, 부자연스러운 요소를 사실성 없게 덕지덕지 표현하게 되더라고요. 쉽지 않았습니다. 몰입해서 그 상황을 실제로 살게 되면 그게

바로 리얼리티고, 살아있는 연기가 되는 건데 말이에요. 그때 큰 깨달음을 얻었습니다. 테크닉에 그치지 않고, 내면의 감정을 다루고, 꺼내 쓸 수 있도록 깊이 있고 본직적인 접근을 할 수 있게 도와주셨죠. 교수님 덕분에 제가 발전할 수 있었던 것 같아요.

관찰하고
또
관찰하라

▶ 배우 정다솔으로

▶ 포기하지 않고 단련하다

▶ 드라마 촬영

Question 데뷔작은 무엇이었나요?

학교 생활을 1년 정도 하다가 학교 선배님의 소개로 매니저 한 분을 만나 뵙게 되었어요. 어쩌다 그분을 만나서 얘기를 나누고 바로 촬영 현장에 투입됐죠. 첫 작품은 드라마 〈태양의 여자〉의 아주 작은 단역이었습니다.

연극만 하다가 카메라 앞에 서니 긴장은 되고, 동선도 잘 모르겠고, 머릿속이 하얘지더라고요. 연기는 긴장해서 신체에 힘이 들어가는 순간 경직되고 말아요. 같은 발, 같은 손이 나가고, 감독님이 주시는 디렉션도 잘 안 들렸습니다. 현장에 너무 많은 사람이 있는데 어떤 지시를 따라야 하는지 잘 몰랐어요. 식은땀을 줄줄 흘리고 넋 놓다가 집에 가서 후회했던 기억이 납니다. 그렇게 제 첫 작품은 엉망인 연기를 하고 말았죠. 1년 동안 학교에서 열심히 배웠는데, 정작 현장에서 보여줘야 할 때 왜 배운 걸 쓰지 못했는지 너무 속상했어요. 그다음 기회가 왔을 때도 몇 번을 그렇게 반복했습니다. '이게 내 적성이 아닌가?'라는 생각도 들었죠.

Question 다른 진로에 대해 고민하다가도, 다시 연기를 하게 되셨네요?

진로에 대해 며칠을 진지하게 고민했습니다. 연기를 안 하면 무엇을 해야 할지 여러가지 떠올려봤지만, 다른 분야 일은 잘 하는 것도 없고, 잘하게 될 거라는 보장도 않았어요. 고민하며 일주일이 지나니까 현장에 너무 가고 싶더라고요. 그러던 차에 다리 부상 때문에 큰 수술을 하고 쉬게 되었는데, 한 달이 지나니까 너무 간절해지는 거예요. 포기할 땐 포기하더라도, 후회하지 않을 만큼 할 때까지 해보자고 결심했습니다. 아직은 포기할 때가 아니더라고요. 1년 동안 더 파고들며 공부했고, 연기 서적이나 자기개발서 등을 많이 찾아 읽으며 저 자신을 단련시키는 시간으로 만들었어요. 회사도 알아보고, 여러 사람에게 조언을 얻으면서 고군분투하다 보니 다시 일하게 됐습니다.

Question 반대하시던 부모님은 언제부터 응원을 해주셨나요?

부모님의 응원을 얻기까지 그리 오래 걸리진 않았어요. 처음엔 다 포기하시고, '네 마음대로 하고 싶은 거 하면서 살아라'라고 하셨습니다. 저는 학교를 정말 열심히 다녔어요. 서울에서 학교가 있는 안산까지 두 시간 반 정도 걸리는 거리를 매일 왔다 갔다 하면서, 꾸준히 연극도 올렸습니다. 그 모습을 부모님께서 보시고, 진짜 좋아해서 하나보다 생각해주시는 것  같더라고요. 제가 방송 활동을 시작하면서부터는 텔레비전에 딸이 나오니까 주변 분들의 반응이 재밌으셨나 봐요. 그때부터 큰 응원을 해주셨습니다.

Question 경제적 안정을 위해 연기 외의 다른 일을 하기도 했나요?

학사 공부를 하면서, 동덕여자고등학교 뮤지컬 수업 강사로 아르바이트를 한 적이 있어요. 저와 같은 꿈을 꾸는 학생들에게 제가 알고 있는 걸 조금이라도 일찍 알려주고 싶은 마음에 도전했죠. 보람도 있고 뿌듯했습니다. 연기하는 주위 친구들도 틈틈이 아르바이트를 하면서 부족한 주머니 사정을 채워가며 연기하고 있어요. 비록 여유가 없더라도 하고 싶은 일을 할 수 있다는 건 참으로 큰 행복인 것 같아요.

Question **배우 생활을 하면서 편견과 다른 부분이 있었나요?**

처음 방송 일을 시작할 땐 너무 어리기도 했고, 겁도 많았어요. 연기하고 계시는 선배님들을 보고 있으면, 다른 세계에 있는 듯하고, 신과 같은 존재처럼 보였죠. 저 자신과 괴리감이 많이 느껴졌는데 1~2년 지나니까 동료로 느껴지더라고요. 이전에는 괜히 스스로 움츠러들고, 무서워서 제가 먼저 다가가지 못해 멀게 느껴졌던 것 같아요. 시간이 지나면서 '이분들도 나와 똑같은 사람이구나'라는 걸 느끼게 됐죠.

Question **돌아보면, 지금 배우로 활동하는 데 도움이 되는 어린 시절의 성향이 있나요?**

생각해보면 그런 점이 참 많았던 것 같아요. 당시 제 주위에 배우라는 직업을 가진 사람들이 없어서, 제게 배우를 해보라고 권유하신 분도 없었고, 저도 어린 시절 연기를 접하지 못했기 때문에 제게 맞는 일인지 판단할 수 있는 기준이 없었던 것 같아요.

어릴 적 친구들과 선생님 놀이 같은 역할극을 하기도 하고, 다른 사람을 흉내 내는 성대

모사도 즐겼던 기억이 나네요. 연기의 일종이라고 생각해 볼 수도 있겠죠? 친구들과도 두루두루 사이좋게 지내며 쉽게 소통했던 성향도 배우로서 촬영 현장에서 일하는 데 도움이 많이 됐어요. 현장 분위기는 수시로 바뀌거든요. 그럴 때 감독님의 요구에 맞추어 변화하는 모습을 바로 보여줘야 하는데, 융통성이 부족하거나 열린 마음이 없다면 적응하기 힘든 부분일 수 있죠. 또, 예체능 수업을 좋아하고, 음악에 관심이 많았던 것도 연기할 때 감정선을 만드는 데 큰 도움이 되는 것 같아요.

Question 배우로서 성장하기 위해서 꾸준히 노력하는 방법이 있나요?

일단 세상을 다 경험할 수 없어서, 간접적으로 경험할 수 있는 책을 많이 읽어요. 궁금하다거나, 감성적으로 해결되지 않는 부분이 있다거나, 아니면 개인적인 문제로 흔들릴 때도, 서점에 가서 책에서 답을 얻으려고 하는 편입니다. 시를 읽으며 다양한 감정을 느끼고, 소설을 읽으며 상상력을 많이 키웠던 것 같아요.

책으로 세상을 알아가는 동시에, 관찰을 많이 하려고 합니다. 교수님께서 배우에게 가장 중요한 건 관찰이라고 항상 말씀하셨죠. 학생 때는 잘 몰랐는데, 관찰을 열심히 하면 더 좋은 캐릭터로 만들 수 있다는 사실을 점점 실감하게 되더라고요. 한 작품의 캐릭터를 만들어 가는 과정은 배우의 몫이니까요. 대본을 받으면 일단 여러 가지를 충분히 생각해봅니다. 이 인물은 어떤 성격일지, 어떤 옷을 즐겨 입고, 어떤 행동을 주로 할지 등을요. 구체적으로 상상하고 메모한 뒤, 주변에 비슷한 사람이 있나 찾아봅니다. 비슷한 인물이 있다면, 그 사람을 참고해서 재미있는 부분을 특성으로 살리기도 하죠. 관찰할 수록 믿음 가는 캐릭터, 생동감 있는 캐릭터를 표현할 수 있습니다.

　작품의 배역이나 주변 인물뿐만 아니라, 제 감정에 대해서도 깊이 들여다보려고 해요. 어떤 일에 부딪혔을 때 나오는 감정이 무엇인지 알고 있어야 제 연기를 만들 수 있기 때문이죠. 이런 꾸준한 노력이 방법인 것 같습니다.

<애타는 로맨스>는
잊지 못할
사랑을 준
작품

▶ 큰 사랑을 받았던 <애타는 로맨스>

▶ 가장 기억에 남는 캐릭터 '주혜리'

▶ TV 앞에서 응원하는 가족과 친구들은 내 원동력

Question 처음 데뷔할 때와 지금, 가장 달라진 점은
무엇인가요?

처음 연기를 접했을 때는, 주로 연기를 표현하려고 했던 거 같아요. 그러다 보니 감정선이 안 맞거나 상대방의 연기 호흡을 이어가지 못할 때가 많았죠. 점점 경력이 쌓일수록, 연기는 표현하는 게 아니라 자연스러운 감정을 끌어내야 한다는 걸 깨달았어요. 상대방이 주는 감정을 그대로 받고, 그것에 맞게 나도 솔직한 감정을 끌어내서 주는 것. 주고받는 것이 바로 연기인 것 같아요.

Question 드라마 제작 과정과 일이 없는 날,
배우는 어떤 일정을 보내나요?

제작 과정에서 배우는, 제작팀이 여러 가지 사항을 고려해서 짜놓은 스케줄에 충실히 임하게 됩니다. 보통 일주일 단위로 스케줄이 나오는 편이에요. 하지만 변동사항이 많아서 일정이 바뀌는 경우도 잦죠.

촬영이 없는 날이나 공백기에 저는 보통 운동을 해요. 못 만났던 사람들도 만나고, 친구와 가족과 시간을 보내려고 합니다. 영어, 중국어 공부도 하고요. 쉬는 동안에도 마냥 쉬면 안 된다는 생각에 계속 뭔가 하려고 해요.

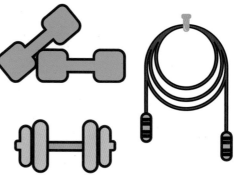

Question 촬영장에서 제작진과 이견이 있을 때는 어떻게 해결해나가는지 궁금합니다.

무엇보다 촬영 전에 많은 대화를 나눠보는 것이 중요하다고 생각해요. 한 장면에 대해 배우의 생각과 감독의 생각에 차이가 있을 수도 있거든요. 어느 쪽이든 충분히 설득할만한 근거와 정당성이 있다면, 그 방법이 훨씬 효과적인 장면이 될 거예요. 미처 생각지 못했던 부분이 있을 수도 있고, 더 좋은 의견을 제시하는 쪽도 있기 때문에 대화는 정말 중요합니다.

Question 배우 활동을 하면서 즐거웠던 경험과 힘들었던 경험을 소개해주세요.

연기를 반대했던 부모님께서, 방송 전부터 TV 앞에서 대기하고 계시다가 제가 나오는 부분을 캡처해서 보내주실 때 가장 뿌듯하죠. 제가 촬영한 부분을 모니터링할 수 있도록, '오늘은 이랬다'고 이야기해 주신답니다. 부모님 친구분들께 자랑도 하시고요. 가족과 친구들이 보내는 응원과 사랑이 큰 원동력이 됩니다.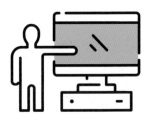

반면, 공백기가 길어지면 불안하고 초조하죠. 스스로 감정을 잘 컨트롤해야 부정적인 생각에 빠지지 않고, 일상생활을 잘 할 수 있습니다. 저는 낙천적인 성향이라 우울한 감정을 좋아하지 않아서, 슬럼프가 왔을 때 무척이나 힘들어해요. 그럴 땐 빨리 슬럼프에서 벗어나려고 운동을 하거나, 긍정적인 메시지가 있는 책을 읽거나, 가족 등 믿고 좋아하는 사람들과 이야기하고 응원과 도움을 받아요. 다른 것에 집중할 수 있도록 취미 생활도 합니다.

2년 전에는 공백기가 생각보다 길어지면서, 하루하루를 허무하게 보내지 말고 무언가 배워 보기로 했어요. 제빵과 떡 만들기를 배웠습니다. 봉사 활동을 다니며 사회복지사 자격증도 따고요. 시간을 알차게 쓰다 보면, 그런 부정적인 감정은 금방 해소되더라고요.

Question 어떤 작품이 가장 기억에 남나요?

OCN 드라마 〈애타는 로맨스〉가 기억에 남아요. '주혜리' 캐릭터로, 처음으로 비중이 큰 역할을 맡게 됐죠. 부담도 되고, 설레기도 했습니다. 욕심이 나서 잘 해야겠다는 마음으로 출발했고, 겨우내 촬영을 했어요. 다양한 감정선이 있어서 그만큼 많이 계산하고, 연구했습니다. 방영 후에는 해외에서도 반응이 좋아서, 일본에도 방영하게 됐어요. 제가 맡은 역할을 많은 분이 사랑해 주시는 걸 보고, 열심히 노력한 보상 같아서 참 의미 있고, 뿌듯했습니다. 학교 선배이신 좋은 감독님을 만나서 함께 할 수 있었던 것도 큰 복이었고, 지금까지도 동료 배우들과 연락하는 돈독한 사이예요. 제겐 잊지 못할 작품입니다.

Question 배우로서 품고 있는 비전은 무엇인가요?

배우로서 아직 목표에 다가가지 못했기 때문에, 그 이후의 무언가에 대해서는 생각해본 적이 없어요. 연기하는 게 너무 좋아서, 평생 연기할 수 있는 배우가 되고 싶어요.

마지막으로, 배우를 꿈꾸는 청소년 친구들에게 한 마디 부탁드려요.

꿈에 도전하며 살아간다는 건 무척이나 행복한 일입니다. 친구들도 그 행복감을 한 번쯤 느껴봤으면 좋겠어요. 가슴에 손을 얹고 정말 배우에 대한 열망이 있다면, 최선을 다해서 도전해 보세요. 한 번뿐인 인생인데 열심히 해보고 다른 길을 찾아도 늦지 않잖아요. 다만, 배우가 만만한 직업은 아니기 때문에 어려운 길이더라도 꼭 가고 싶다는 확신이 있는지 스스로 질문해보세요!

〈여인천하〉 배우들의 연기에 반해 드라마 속 장면을 몇 번이나 보며 따라 울곤 했다. 연기가 하고 싶었지만, 부모님의 반대로 중국 유학길에 올랐다. '니하오' 밖에 모르는 채 중국 학교생활을 시작했고 1년이 지나니 귀와 입이 트였다. 어머니의 권유로 상하이에서 열린 미스코리아 대회에 나가게 되었고, 유창한 중국어 실력 덕분에 '중국 진(眞)'이 되었다. CCTV 드라마는 꿈꾸던 배우로서 첫발을 내딛게 해주었다. 연기를 배운 적이 없어 막막했고, 드라마 촬영 현장도 낙후했지만 이루 말할 수 없이 행복한 시간이었다. 더 크게 성장하기 위해 한국으로 돌아와 〈정글피쉬〉로 데뷔했다. 슬럼프와 공백기도 있었지만, 환경을 원망하지 않고 더 나은 배우가 되기 위해 매일 훈련했다. 기대와 응원을 보내는 사람들을 위해, 작품에서 좀 더 많은 분량으로 보답하고 싶다. 중국에서의 추억을 기억하며, 한국과 중국 사이에 오작교 역할을 할 수 있는 배우가 되는 날을 기다린다.

탤런트
한지우

● 드라마
〈엽기적인그녀〉, 〈피고인〉, 〈이름없는 여자〉, 〈밤을 걷는 선비〉, 〈우리가 사랑할 수 있을까〉, 〈지성이면 감천〉 외 다수

배우의 스케줄

한지우
배우의
하루

21:00~23:00
▸ 휴식 맞 개인 시간
23:00
▸ 취침

08:00
▸ 기상
08:00~10:00
▸ 신문 읽으며
발음 연습

19:00~21:00
▸ 저녁 운동

10:00~11:00
▸ 아침 식사
11:00~13:00
▸ 오전 운동

14:00~18:00
▸ 작품 혹은 오디션 준비
18:00~19:00
▸ 저녁 식사

13:00~14:00
▸ 점심 식사 후 감독님 미팅 준비

내 인생을
바꾼
〈여인천하〉

▶ 중국 유학 시절

▶ 중국 드라마 촬영 현장에서

▶ 중국에서 배우들과 함께한 행사

Question 간단한 자기소개 부탁드립니다.

안녕하세요. 배우 한지우입니다. 중국에서 2년, 한국에서 6년 활동을 해 8년 차 배우가 되었습니다. 아직 인지도가 높지 않지만, 그렇기 때문에 더욱 열심히 노력하는 대한민국 배우입니다.

Question 어릴 적 꿈은 무엇이었는지 궁금해요.

원래는 그림을 그리고 싶었어요. 미술대회에 나가기만 하면 상을 받아왔고, 학교에서는 미술 시간에 선생님이 제게 반 친구들을 맡기고 나갔다 오시곤 했죠. 제가 선생님이 되어 친구들 앞에 서는 게 행복하더라고요. 그때 즈음 '사람들 앞에 서는 일을 해야겠구나'라고 마음에 두기 시작했어요. 사람들 앞에서 나를 표현하고, 그들을 즐겁게 할 수 있는 일이 뭐가 있을지 고민해보았죠. 드라마 〈여인천하〉는 제 인생을 바꾼 작품인데요, 〈여인천하〉에 나오는 배우들의 연기에 한마디로 반했어요. 얼마나 좋아했냐면, 마지막에 강수연 선배님께서 맡은 '정난정'이 죽을 때 저도 같이 오열하다 쓰러질 정도였죠. 하하하. 너무 감정이입을 해서 울다 쓰러져서 자고, 눈뜨면 다시 울고, 그렇게 서너 번을 봤습니다. 아직도 그때 가슴의 통증을 잊지 못해요. 저도 그렇게 가슴을 울리는 배우가 되고 싶었습니다.

중국에서 학창시절을 보내신 이유가 궁금해요.

연기가 하고 싶어 예술고등학교에 진학하려다가 부모님께서 반대하시며 중국으로 보내셨어요. 가족이나 친척 중 아무도 배우가 없어서 조언을 구할 분이 안 계셨어요. 혼자 연기를 시작하기가 막막해서 일단 부모님의 결정을 따라 중국으로 갔습니다. 부모님이 저를 중국으로 보내시면서, 중국어만 완벽히 할 줄 알면 한국에 돌아왔을 때 적어도 굶

어 죽는 일은 없을 거라고 하신 그 말만 믿고 중국에 갔는데, '니하오' 밖에 모르는 저는 중국 인민학교에서 완전히 이방인 취급을 받았죠. 수업 내용은커녕 "어디서 왔니?"라고 묻는 반 친구들의 말도 하나도 못 알아듣고요. 외계인처럼 신기하게 보는 그 눈빛도 힘들었어요. '니하오'부터 한 문장씩 익히다 보니 1년이 지나자 귀가 트였습니다. 중국에서 보내는 고등학교 3년은 연기의 연 자도 생각하기 힘들었어요. 발등에 떨어진 불부터 꺼야 했죠. 학교에 적응해야 졸업을 하고, 졸업해야 부모님께 당당할 수 있으니까요.

그럼 어떻게 연기를 시작할 수 있었나요?

고등학교를 마치고 대학에 입학할 때쯤 상하이에서 미스코리아 대회가 열렸어요. 상하이의 한국인 중 서울로 본선에 진출할 한 명을 뽑기 위한 대회였죠. 당시 저는 미스코리아에 대해 편견이 있었어요. 미인대회라는 것은 예쁜 얼굴로 미스코리아 타이틀을 얻어 좋은 집안에 시집가기 위한 수단에 불과하다고 말이에요. 어린 마음의 단순한 생각이었죠. 그런

데 엄마가 저를 설득하러 한국에서 상하이까지 오신 거예요. 중국어도 잘하고, 키도 크고, 외모도 나쁘지 않으니까 경험 삼아 미스코리아 내회에 나가보라고 한 달 동안 저를 설득하셨어요. 처음에는 갈등을 하다가 엄마가 시키는 대로 운동, 워킹 연습으로 한 달을 준비해서 결국 대회에 나가게 됐는데 운 좋게 1등을 하게 됐습니다. 중국에도 예쁜 한국인들이 정말 많아서 저는 당연히 떨어질 줄 알았거든요. 나중에 주최자분들께 왜 저를 뽑으셨냐고 여쭤보니, '중국 진(眞)'이라면 중국을 좋아하고, 중국에 관해 많이 알아야 하고, 현재 중국에 대한 설명도 잘해야 하고, 무엇보다 중국어를 잘 해야 하는데, 후보 중에 중국어를 잘 하는 사람이 아무도 없다고 하더라고요. 그리고 무엇보다도 제가 한국미인상에 제일

가깝다고 하시더라고요. 하하하. 그렇게 감사하게도 서울에서 미스코리아 대회 본선에 나가게 됐습니다. 용인 합숙소에서 한 달 동안 합숙 트레이닝을 하고 본선에 나갔습니다. 후보 60명 중 1차인 15명 안에는 들어갔는데, 최종 2차인 수상의 영광은 맛보지 못한채 초심을 가지고 다시 중국으로 돌아갔습니다. 중국에 가자마자 중국 드라마 오디션을 보게 됐어요. 꽤 유명한 방송국에서 연락이 왔는데, 모든 중국어 대사를 소화할 수 있는 한국인 배우를 찾고 있었습니다. 그렇게 중국 공영방송CCTV 드라마를 찍게 됐어요.

Question ## 처음 하는 연기가 어렵진 않았나요?

연기를 배운 적이 없으니 막막했죠. 그나마 제가 할 수 있는 건 이전에 많이 본 드라마나 영화배우의 연기 등을 흉내 내는 것이었어요. 제가 생각한 표현은 여기까지라고 생각해도, 관객들이 더 많은 표현을 바랄 때 어떻게 해야 할지 방법을 몰라 참 어려웠습니다. CCTV

드라마 감독님께서 제가 외국인이라는 점을 많이 배려해주셔서 다행히 큰 탈 없이 진행할 수 있었습니다.

Question ## 중국 촬영 현장은 어떤 환경인가요?

제가 중국에서 첫 드라마를 촬영한 당시는 굉장히 낙후한 환경이었어요. 반사판도 스티로폼이나 널빤지를 들고 촬영을 하는데, 강풍이 불면 그 반사판이 부러졌어요. 바람이 불면 반사판이 깨질까 봐 스태프들이 배우보다 반사판을 먼저 챙길 정도로 열악한 상황이었습니다. 밥차가 없어 길바닥에서 도시락을 먹기도 하고요. 그 모든 상황에도 저는 이루 말할 수 없이 행복했어요. 그토록 꿈꾸던 배우라는 직업의 첫 시작이

었고, 첫 작품, 첫 연기였으니까요. 지금까지 한 작품 중 가장 고생을 많이 한 작품이지만, 제일 아끼는 작품이기도 합니다. 중국 분들께 사랑도 많이 받고 칭찬도 많이 받았어요. 덕분에 제 자존감도 높아졌죠. 친구를 '펑요'라고 하죠. 저는 진짜 펑요들을 많이 만났어요.

Question ## 배우라는 직업에 대해 부모님은 어떤 반응을 보이셨나요?

중국에 가기 전, 처음에 연기가 하고 싶다고 말씀 드릴 때는 요지부동이셨어요. 제가 연예인을 한다면 몸도 마음도 많이 상처 입을 거라고 생각하셨죠. 미스코리아 경험을 얻고 나니 아버지께서는 항공승무원을 하기를 권하셨어요. 케빈 크루가 되기 위한 구체적인 방

법도 알아봐 주실 정도로 적극적이셨습니다. 그런데 저는 너무 연기가 하고 싶어서 미치겠는 거예요. 참 많이 싸웠습니다. 울며 불며 가출한다고도 하고요. 하하하. 그런데 어머니는 되려 끝까지 저를 믿어주셨어요. 그 믿음이 제겐 세상을 다 가진 것만큼, 정말 큰 힘이에요. 지금도 저희 엄마 전화에는 제가 '월드 스타 한지우'라고 저장되어있답니다. 하하하 부끄럽네요. 그걸 볼 때마다 엄마의 기대에 부응하기 위해서라도 끝까지 잘해야겠다고 다집합니다. 자식의  대한 부모님의 믿음이 얼마나 큰 힘을 발휘할 수 있는지 크게 알게됐어요. 다시 한 번 부모님께 감사드립니다.

Question 중국에서 활동하다가 한국으로 오게 된 계기는 무엇인가요?

1년 동안 촬영하던 CCTV 드라마의 촬영이 끝나갈 무렵, 한국에 계신 SBS 소속의 한 감독님께서 연락을 주셨어요. 중국에서 더 큰 배우가 되고 싶다면 한국에서 먼저 경력을 쌓는 게 중요하다고 하셨습니다. 한국에서 이름을 먼저 알리고 그 영향력으로 중국에 가면 훨씬 많이 활동할 수 있을 거라 조언해 주셨죠. 그 말씀이 맞는 것 같아 오랜 고민 끝에, 중국 드라마 촬영이 끝난 뒤 중국 생활을 모두 정리하고 2009년에 한국으로 들어오게 됐습니다.

힘든 순간을 통해 더 단단해진 나

▶ 중국 활동 당시 프로필 사진

▶ 데뷔작 <정글피쉬>를 함께한 배우들과

▶ 프로필 사진 한 컷

Question 한국에서 작품을 시작하기 전에 어떤 과정을 거쳤나요?

다양한 경로가 많이 있지만 제 경우는 소속사를 먼저 찾기 전에 광고 모델, 행사 모델, 웨딩 모델 등 개인 활동을 많이 했어요. 시간 약속도 철저히 지키고 혼자지만 열심히 활동을 하다 보니 얻게 된 좋은 이미지 덕분에 한 방송관계자의 소개로 지금의 소속사 대표님을 만나게 되었습니다. 소속사에 들어가면 모든 일이 다 잘 될 거로 생각하는 연기 지망생들도 있을 텐데, 사실 거기서부터가 시작이에요. 소속사에 들어가더라도 일 년을 못 버티는 친구들도 많아요. 연기 수업을 받으며, 작품 오디션에 합격하는 순간까지는 말로 하기 힘든 긴 기다림과 버팀이 필요하죠. 저는 운이 좋게도 저의 장점을 크게 부각해 좋은 이미지를 백배 끌어낸 회사의 이미지 마케팅으로, 데뷔하자마자 '베이글녀'라는 별명을 가질 만큼 유명세를 치르게 됐어요. 제 소속사 대표님은 제게 있어 한지우를 탄생시킨 아버지나 마찬가지세요.

Question 한국에서 연기를 시작하며 어려웠던 점은 무엇인지 궁금합니다.

발음을 고치는 게 가장 힘들었습니다. 제 고향이 경상도라 사투리가 있는 데다, 중국어를 오랫동안 해서 중국 성조도 있었어요. 경상도 사투리에, 중국 성조에, 표준어까지 섞이니 이도 저도 아닌 이상한 발음이 나오더라고요. 나름대로 한다고 대사를 읽었는데, "너 왜 그렇게 말해?"라고 핀잔을 많이 들었어요. 눈물이 쏙 빠지게 많이 혼났습니다. 처음부터 체계적으로 교육받았다면 진작 고쳤을 텐데, 중국에서 자연스럽게 기회를 얻어 작품을 하다 보니 사실 연기의 기본조차 없었던 거죠. 대사를 자연스럽게 하더라도 사람들에게 들릴 수 있도록 하는 것도 중요한데 훈련이 잘 안 돼 있었어요. 참 힘든 시간이었고, 회사에서 수업과 트레이닝을 받으며 고쳐나갔습니다. 아직도 아침에 눈 뜨자 마자 발음 연습을 할 정도로 트라우마가 생겼어요.

Question 어떤 작품의 캐릭터가 가장 기억에 남나요?

한국에서 첫 데뷔작이었던 드라마 〈정글피쉬〉가 아무래도 가장 애착이 가요. 첫 작품이기도 하고, 고등학생 역할이기도 하고요. 제가 맡은 역할은 '백효원'이라는 학생이었는데 생각이 깊은 학생이었어요. 단순히 공부를 잘 해서 대학에 가는 게 목표가 아니라, 학교를 바꿔나가야겠다는 마음으로 학교와 싸우다 결국 자살까지 하게 되는 인물이었습니다. 상당히 깊이 있는 캐릭터였는데, 저는 효원이를 정말 사랑했어요. 그 캐릭터를 진심으로 이해하니 연기도 잘 풀렸죠. 이제 교복을 입기 민망한 나이가 됐으니 다시는 못할 역할인 것도 같네요. 배우는 매 순간 본인이 맡은 배역의 캐릭터를 사랑하기 때문에, 〈정글피쉬〉의 백효원뿐만 아니라 제가 맡은 모든 역할을 항상 사랑했습니다.

반대로 가장 힘들었던 작품은 무엇인지 궁금합니다.

제가 맡은 첫 사극이었던 드라마 〈계백〉이에요. 〈여인천하〉를 너무 좋아했기 때문에 꼭 사극을 하고 싶다는 꿈이 있어서 〈계백〉을 하게 됐죠. 중전 역할이었는데, 얼마나 힘들었는지 몰라요. 한 나라를 다스리는 여왕의 역할을 맡기엔 준비도 경험도 부족했고 사극 대사에 대한 이해도 쉽지 않았어요. 적게는 0.5kg에서 많게는 3kg까지 무게가 나가는 머리 장식인 사극가채를 하고서 짧게는 서너 시간 길게는 10시간 이상 차안에서 촬영 대기를 하다 목에 무리가 와 목디스크 치료를 받으러 다니기도 했답니다. 저로서는 할 수 있는 노력을 다 했는데도 결과가 좋지 않았을 때, 저보다 스태프들이 고생하는 게 느껴져 더 힘들었어요. 다른 방법은 없어요. 힘들어할 시간에 연기 연습 더 열심히 하고, 대본 한 페이지라도 더 보고, 스태프분들께도 더 잘하고요. 좌절하는 시간도 아까워 제가 할 수 있는 최선을 다 하리라 마음먹고 그 이후로 더 독하게 연습을 많이 했습니다. 가장힘들었고 또 가장 많이 배울 수 있는 시기였습니다.

힘들고 흔들리는 순간은 어떻게 극복하시는지 궁금해요.

많이 울고, 제 감정을 표현하는 편이에요. 대배우 박신양 선배님께서 말씀하시길, 배우는 '충동 덩어리'여야 한대요. 화날 때 참지 말고 화내고, 울어야 할 때 울고, 기쁠 때 깔깔깔 웃고요. 힘들 때 울어야 '내가 이만큼 힘들구나. 사람이 이렇게까지 아플 수 있구나'를 알게되죠. 그리고 그 기억을 감정 상자에 적어요. 중에 연기의 벽에 부딪히거나, 극단적인 감정이 필요한 배역을 만났을 때 그 기록이 도움이 되죠. 평소에 느

끼는 감정을 차곡차곡 10년 동안 쌓아두면 경험에서 나오는 감정이입 연기를 할 수 있다고 생각해요. 재밌는게 누군가와 싸울 때 화를 내면서도 저는 스스로 그 모습을 기억하려 해요. '내가 이렇게 싸우는구나. 저 사람은 내게 이렇게 공격하는구나. 나는 열 받을 때 이 톤까지 올라가는구나!' 생각하다보면, 이게 직업병 같기도 하죠.

주변에 큰 응원과 도움이 된 분들이 많았기 때문에 버틸 수 있는 것 같아요.

'연민정'으로 유명한 배우 이유리 언니도 힘이 많이 되고 고마운 분이에요. 그렇게 악역 연기를 하신다는 것도 놀라울 정도로 평상시는 미소가 천사 같은 분인데요. 언니 앞에서 엉엉 울면서 힘들다고 관두고 싶다고 할 때 저에게 그러시더라고요. "지우야. 나는 촬영 현장에서, 스태프들 다 보는 앞에서 감독님이 나한테 욕하기도 하셨어. 그래도 버텼어. 버텨

야 해."라며, 힘들면 힘들수록 연기력이 깊어진다고 생각하라고 위로해 주셨어요. 대 선배님도 제게 그렇게 이야기해주시는데, 내가 뭐라고 힘들다고 징징거리고 있었나 생각이 들더라고요. 큰 힘이 되고 늘 감사하죠.

내 삶과
연기의
이유가 되는
응원들

▶ 드라마 <피고인>에서

▶ 드라마 <피고인>에서

▶ 당당한 매력을 가진 배우로

3~4년을 활동한 후에는 3년간 공백기가 찾아왔어요. 본의 아니게 일이 안 풀리는 기간이 정말 있더라고요. 하지만 제게 닥친 상황을 원망하지 않고, 되려 지금이 제게 필요한 것을 준비하는 시간이라고 여겼습니다. 연기 연습, 운동, 좋은 작품 여러 번 돌려보기 등으로 계속 갈고 닦았죠. 촬영하지 않더라도 한순간도 제가 배우라는 사실을 잊은 적이 없어요. '발음 연습해야 해', '운동하러 가야 해', '혈색에 좋은 음식 먹어야 해', '연기에 도움이 되는 작품을 많이 봐야 해'라며 끊임없이 채찍질하는 편이에요.

먼저 눈뜨자마자 신문을 1면부터 끝까지 봅니다. 특히 어려운 부분은 소리 내서 읽어요. 경제, 정치 부분은 발음이 막 꼬여요. 무조건 큰 소리로 또박또박 읽습니다. 사설은 편하게 읽고요. 그렇게 1시간 정도 신문을 보고 나면 아침 먹고, 오전 운동을 다녀와요. 집에 와서 점심 먹고 집안일을 좀 하다가, 영화와 드라마를 많이 봅니다. 작품을 많이 봐야 하니까요. 그리고 저녁이 되면 또 운동하러 가죠. 보통 무산소 운동은 요가와 필라테스, 플라잉 요가를 하고, 유산소 운동으로는 혼자 많이 걷는 편이에요. 동네를 걸으면서 사람들이 어떤 표정으로 살아가나 관찰하려고 생각합니다. 자꾸 봐야 자연스러운 연기를 할 수 있다고 생각하거든요. 등산도 자주 가는데 마치 배우의 인생 같아요. 올라갈땐 외롭고, 힘들고, 배고프고 미치겠죠. 그렇게 정상에 올라 챙겨온 간식을 하나 먹으면 기분 최고예요. 내려오면서 집중이 풀리는 순간 발을 삐끗하기도 하고요. 힘들게 올라가지만 떨어지는 건 한순간일 수도 있고, 조심스럽게 버티고 버티면 정상에 도달할 수 있다는 걸 산을 오르내리며 늘 되새깁니다.

배우가 아닌 친구들도 많이 만나며 그 친구들의 삶에서 배우기도 하죠. '이런 직업을 가진 친구들은 이런 생각을 하는구나', '정해진 시간에 출퇴근하는 친구들은 매일 지옥철을 겪는구나' 등 제가 경험하지 못하는 일상적 소재와 생각이 연기에도 큰 도움이 됩니다. 공백기간 동안 스스로 훈련한 덕분에 드라마 〈피고인〉을 찍을 수 있게 되었죠.

오디션을 보러 갈 때는 최대한 긴장하지 않도록 합니다. 그 역할은 어차피 내 것이라는 스스로 최면을 걸기도 해요. 하하하. 주어진 오디션 대사를 외우는 것은 기본이고 정해진 캐릭터도 충분히 이해한 상태로 가서 심사위원들에게 저를 보여주려고 합니다. 그런데 재밌게도 크게 기대했던 작품은 잘 안 돼요. 기대한 만큼 실망도 크니 편하게 하고 오자고 생각하면 의외로 연락이 오더라고요. 요즘 심사위원들은 뻔한 이미지보다 자신감 있고 이유 있는 당당함을 더 좋아한다는 걸 터득하기까지 7년이 걸렸어요 하하하. 이게 꼭 답은 아니지만, '저 잘할 수 있어요. 제가 얼마나 준비했는지 보여드릴게요. 뽑으실 거면 뽑으세요!' 이런 자신감을 가지고 오디션에 임했을 때 그 매력을 더 느끼시는 것 같아요.

드라마 〈피고인〉 오디션도 의외였던 게, 보통 오디션을 보면 그날 결과 연락을 받는 데 보름 동안 연락이 없어서 완전히 까먹고 있었어요. 그런데 보름이 지나고 제가 〈피고인〉 검사 역할을 맡게 됐다고 연락을 받았습니다. 오디션을 100번 보면 한 번 될까 말까여서, 거의 이틀에 한 번꼴로 오디션을 많이 보거든요. '내가 그런 오디션을 본 적이 있었나?'라고 생각할 정도였죠. 집에 다시 가서 분석했던 자료를 찾아보니까 제가 공부했던 게 나오더라고요. 로스쿨을 나온 검사 역할인데, 시놉시스를 읽고 상당히 자신감 있는 모습을 보여드려야겠다고 생각했어요. 그래서 미팅에서 샵 다녀왔냐는 감독님 질문에, "네. 저 샵 갔다 왔어요. 안 갔다 온 거 같아요, 감독님? 어디 스타일인 것 같아요?"라고 여쭤봤죠. 홍대냐고 하셔서, "감독님! 이 역할은 청담스타일에 더 가깝죠~ 그래서 일부러 돈 더 내고 청담샵 다녀왔습니다!" 이렇게 얘기했는데, 감독님이 크게 웃으시더라고요. 연기만큼이나 이 배우의 당당한 매력을 보려고 하신 거죠. 그래서 너무 주눅 들어있지 말고, 떨어지더라도 자신의 매력을 당당하게 모두 보여주고 오면 좋겠어요.

배우라는 직업은 수입이 참 불규칙하죠. 한창 광고를 많이 찍을 때는 억대도 벌었다가, 일이 정말 없을 때는 일 년에 천만 원도 못 벌기도 해요. 그래서 광고나 드라마를 통해 수입이 생겼을 때 무조건 아껴야겠다는 생각을 합니다. 인기는 한순간인데, '계속 이렇게 벌겠지?'라고 생각하고 돈을 쓰기 시작하면 나중에 힘들 때 유혹에 빠질 수밖에 없어요.

저는 시간이 되면 중국어 과외 선생님을 하고 있어요. 중국에서 대학 생활을 할 때도 자유여행으로 온 분들 가이드를 해드리며 용돈을 벌기도 했습니다. 꼭 가야 할 곳만 알짜배기로 소개해드리니까 좋아하셨어요. 저를 믿고 따라오는 분들에게 신뢰를 주고, 제가 알고 있는 지식을 똑바로 전달하기 위해서 공부도 많이 했죠. 이런 경험도 연기하고, 촬영 현장에서 분위기 파악을 하는 데 큰 도움이 됐답니다.

한국에 와서는 빵집 두 군데에서 아르바이트 하기도 했어요. 일주일 내내 빵을 썰고, 샌드위치를 만들고, 판매했죠. 어느 날, 손님 계산을 해드리는데 며칠 전 광고를 함께 촬영했던 감독님을 만난 거예요. 광고 모델이 아르바이트를 하고 있으니 신선한 충격을 받으시더라고요. 그리고 지금까지 지하철도 열심히 타고 다니죠. 지하철을 타고 이동하는 동안 대본도 보고, 웹 서핑도 하고, 사람들도 관찰할 수 있고요. 지하철이 너무 좋아서 코레일 홍보 대사를 해야겠어요. 하하.

Question 배우 활동을 하며 가장 행복한 순간은 언제인가요?

분량은 적지만 제가 나오는 드라마를 볼 때마다 친구, 가족 등 주변 사람들이 즐거워할 때 보람 있어요. 조연이기 때문에 60분 드라마 중 1~2분 나올 때도 있는데, 그 1~2분을 위해 60분을 기다려주고 제가 나온 부분을 캡처해서 보내주죠. 고생한 거에 비교하면 정말 작은 부분만 방송에 나오지만, 그 작은 분량을 보고도 너무 많은 분들이 응원해주고, 기뻐해주고, 저를 자랑
스럽게 여겨주실 때 더 열심히 해야겠다는 힘이 솟아나요. 더 많은 분량으로 보답하고 싶어 서 계속 버티는 것 같아요. 응원해주시는 분들이 참 감사하고 그분들이 제 삶의 이유예요.

Question 잘하는 일보다 좋아하는 일을 하고 싶은 친구 들에게 응원 부탁드려요.

잘하는 일과 좋아하는 일 중에 직업으로 한 가지를 선택해야 하는 경우에, 현실적으로 잘 하는 일을 택하는 경우가 많죠. 잘하는 일을 해야 돈도 빨리 벌고 승진도 하니까요. 하지만 어떤 일이든 분명 힘든 순간이 옵니다. 잘 하진 않지만 좋아하는 일을 하다 보면 그 어려운 순간에 버틸 힘이 있어요. 좋아하니까 버텨지는 거예요. 그 길은 힘들고, 남들과 다른 외로 운 길일 수 있지만, 여러분은 꼭 좋아하는 일을 선택했으면 좋겠습니다. 가족이 크게 반대 할 수도 있죠. 하지만 나를 믿어주고, 응원해주는 사람들에게 보답해야겠다는 마음이 있으 면 돼요. 좋아하다 보면 즐기게 되고, 그러다 보면 분명히 잘하게 될 거예요!

배우로서 최종 꿈은 무엇인가요?

중국에서 한국 배우로 친선대사가 되는 거예요. 제가 기억하는 중국인 중국 친구들은 참 친절했어요. 혼자 기숙사에서 지내면서 외로워 울고 있을 때, 저를 집에 데려가서 부모님 께 한국에서 온 친구라고 소개해주고, 그 친구 어머니께서는 따뜻한 집밥을 대접해주시며 위로해주셨죠. 제겐 저를 진심으로 따뜻하게 대해준 중국인의 좋은 기억이 가득해요. 제가 더 유명해지고, 중국에서도 저를 더 좋아해 주시면 한국과 중국 사이에 오작교 역할을 할 수 있는 배우가 되고 싶어요.

그리고 존경하는 나문희 선생님처럼 대배우가 되고 싶습니다. 그 어느 여배우보다 아름 답고 강해 보여요.

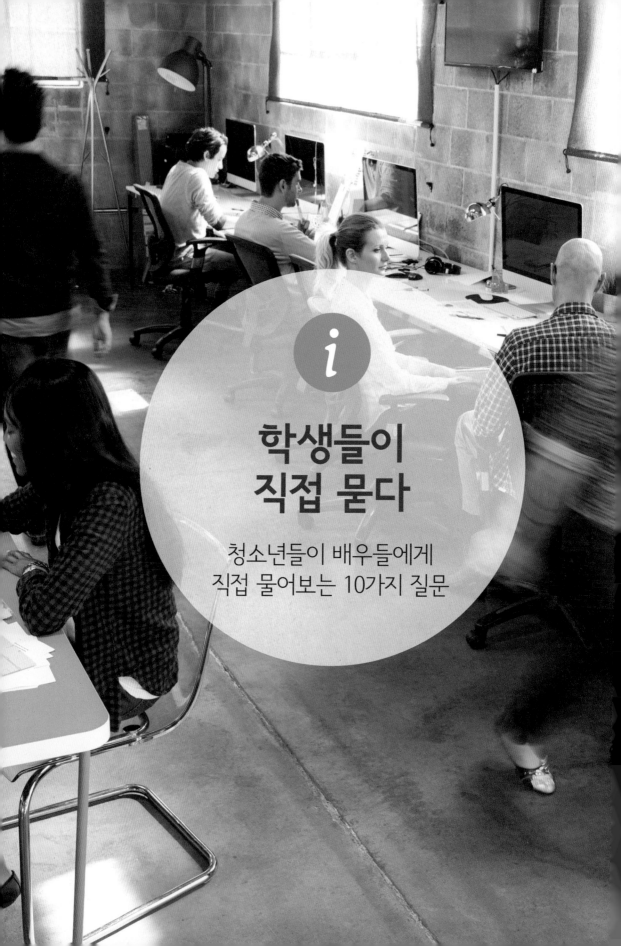

학생들이
직접 묻다

청소년들이 배우들에게
직접 물어보는 10가지 질문

배우와 관련 없는 직업이나 전공을 선택해봐도 괜찮을까요?

학교에서 연기 전공을 하며 체계적, 순차적으로 배우면 좋겠지만, 전공하지 않아도 배우 활동을 열심히 하는 친구들이 있으니 둘 다 이점이 있는 것 같아요. 다른 직장 생활을 하셨 던 분들은 사회생활 노하우, 인간관계 대처 능력, 일에 대한 지식 등이 쌓여 오히려 실생활 연기를 잘 하시더라고요. 연기와 무관한 전공을 했더라도, 지나온 많은 경험은 연기에 도움 이 되는 부분으로 나타날 수 있고요.

학창 시절 배운 과목 중 연기를 하며 도움이 되는 과목이 있다면 무엇인지 궁금해요.

저는 학창 시절에 국어를 잘 했어요. 장단음을 구분하면서 말하는 사람이 많지 않은데, 저 는 국어 과목을 좋아하다 보니까 자연스럽게 알게 됐죠. 배우가 되기 위해 꼭 국어 과목을 열 심히 공부해야 하는 건 아닙니다. 하지만 국어는 결국 언어잖아요. 배우도 대사로 이야기를 전하는 사람이기 때문에, 평소의 언어 습관을 잘 생각해봐야 할 것 같아요. 너무 축약해서 말 하는 습관이나 이상한 억양은 미리 고쳐가는 게 좋겠죠?

내향적인 성격은 배우가 되기 힘든가요?

　대화를 나누기 어려워할 정도로 내성적인 배우도 많습니다. 저의 경우도, 늘 까불거리고 재미있는 역할을 많이 하다 보니 만나는 사람마다 그런 모습을 기대하지만, 막상 처음 만나는 자리는 주저하는 성격이에요. 연기할 때 캐릭터 속에 나를 집어넣고, 적극적으로 캐릭터를 표현하기 때문에 그런 모습으로 보여지는거죠. 성격이 꼭 외향적일 필요는 없습니다. 다만, 촬영 현장이나 연습 자리에서 함께 작품 해석하고, 합을 맞추는 과정에서 소통이 어렵다면 곤란하겠지만요.

오디션을 준비하는 방법이 따로 있나요?

　시기에 따라 다를 것 같아요. 청소년의 경우, 연기를 전공으로 할 수 있는 학교를 목표로 잡고 계획을 세우는 게 좋다고 생각해요. 꼭 전공해야 하는 것은 아니지만, 연기에 대한 열정이 있고 학문적으로도 공부하고 싶다면 대학교 전공을 목표로 삼는 걸 추천합니다. 학교마다 특화된 분야가 있는데, 가고 싶은 학교는 어떤지 꼼꼼히 알아봐야 합니다. 오디션이 대본 연기, 즉흥 연기 등으로 나뉘어 있거든요. 그에 맞추어 준비해야 합니다.

　그 후에 회사를 들어가기 위한 오디션이라면, 원하는 회사나 관심 있던 배우가 소속된 회사를 한번 찾아보세요. 정기적으로 진행되는 오디션에 원서 접수를 하거나, 공지사항을 보고 프로필을 보냅니다. 담당자를 만나 인터뷰를 하며 준비하죠. 꼭 한 군데가 아니더라도, 괜찮다고 생각하는 여러 군데의 회사에 접근해보는 것도 좋습니다.

오디션에 자꾸만 떨어져서 자신감을 잃었어요. 어떻게 하면 좋을까요?

제가 신인 배우일 때만 해도, 선배들이 "더 노력해라. 아직 자질이 부족하다."는 얘기를 많이 하셨어요. 지금은 웬만한 앙상블은 춤, 노래, 연기까지 다 잘합니다. 그 이상의 자기 발전에 도전을 해보면 좋을 것 같아요. 기회는 많다고 생각하고, 긍정적으로 나가 보세요. 이번 오디션에 떨어졌어도 그 준비 과정이 중요했다고 여기면 다음 오디션에도 앞으로 나갈 수 있겠죠. 배우는 오디션과 떼려야 뗄 수 없는 관계에요. 오디션에 대한 스트레스를 덜 받으려면 결과에 너무 치중하지 않고, 과정을 중요시하며 준비하는 자세가 필요합니다.

훌륭한 배우의 연기를 따라 하며 연습하는 게 도움이 될까요?

꼭 그렇진 않아요. 맞는 연기와 틀린 연기라는 건 없다고 생각합니다. 연기의 스타일이 다른 거죠. 예를 들어 이순재 선생님이나 나문희 선생님의 연기와 여러분의 연극배우의 연기는 다른 연기입니다. 선생님들이 수많은 과정을 지나오시며 만든 연기의 깊이를 따라갈 순 없지만, 어린 배우들의 싱싱함, 뜨거운 열정에서 나오는 연기는 아무도 따라갈 수 없을 거예요. 본인의 눈빛, 표정, 목소리, 몸짓, 말투 등 세상에서 단 하나뿐인 자신만의 매력을 더 특화해야 해요. 물론 기본적인 기술은 차이가 날 수 있겠지만, 자신만의 색깔로 당당하게 대중을 만나면 좋을 것 같습니다. 저도 그렇게 해 왔고요.

연기를 공부하는 청소년들이 주의할 점이
있다면 무엇인가요?

뮤지컬이라고 해서 음악과 노래만 잘 하면 된다는 고정관념을 깼으면 해요. 주가 연기가 되어야 하는데, 어느새 주가 춤과 노래가 되어 버렸어요. 앙상블을 맡고 있을 때도 무대 위에서 계속 연기를 해봐야 해요. 주연 배우는 계속 주연을 하니까 기회가 주어지고, 연기는 하면 할수록 늘거든요. 하지만 앙상블들은 연기할 기회가 없으니까요. 독백이든, 신(scene) 연습이든 해보는 게 중요합니다.

청소년 시기에 학원에서 연기를 배우는 친구들도 있을 텐데, 보통 학원에서 선생님이 가르쳐주는 연기는 대학 입시 스타일에 맞게 강렬한 연기일 때가 많아요. 하지만 강렬한 연기를 해서 내 안의 무언가를 다 내뱉어야만 연기를 한 것 같다는 느낌은 잘못된 방법입니다. 연기에는 다양한 감정의 표현이 있고, 자연스러운 연기도 중요하거든요. 그런 점은 연기를 배울 때 조심해야 할 부분입니다.

같이 동고동락하던 배우가 명성을 얻으면 상대적으로 힘들 것 같아요.

부럽지 않다면 거짓말이겠죠. 하지만 사람마다 다 때가 있다고 생각해요. 그 사람이 그만큼의 시간을 지나면서 가지고 있는 열정과 노하우를 인정받는 거라 생각하거든요. 저보다 극단에 늦게 들어온 배우가 먼저 대중적 인지도를 얻어도, 얼마나 힘들게 노력했는지 알기 때문에 응원해요. 대중에게 알려지지 않는 환경이나 상황을 탓하다 보면 마치 뒤처지는 것 같은 패배감에 마음만 힘들거든요. 꾸준히 열심히 하다 보면 언젠가 그곳에 같이 서 있지 않을까요? 그리고 꼭 방송에 출연해 쌓이는 인지도만이 중요하진 않다고 생각해요. TV나 드라마는 그것대로, 연극 무대는 연극 무대대로 다르니까요.

학생들에게 추천해주고 싶은 책이 있나요?

이지성 작가의 〈꿈꾸는 다락방〉이란 책을 추천하고 싶어요. 꿈을 이룬 사람들과, 그들이 꿈을 이루기 위해 이용한 방법 등을 소개하고 있는 책입니다. 그 중 짐 캐리, 성룡 등 배우의 일화를 읽으며 희망을 품고, 힘을 얻었어요. 〈배우의 길〉과 같은 책도 한 번쯤 꼭 읽어봐야 하는 책입니다.

배우가 되고 싶은데, 부모님도 저도 연예계와 관련한 어둡고 부정적인 소문이 사실인지 걱정돼요.

저도 배우가 되기 전에는 '노출도 해야 되고 접대도 해야 된다더라'라는 이야기를 많이 들었어요. 저희 부모님도 걱정을 많이 하셨죠. 그런데 막상 일하며 보니, 제 주변에는 그런 분이 아무도 없습니다. 소속사 대표님도 술담배를 모두 안 할 정도로 깨끗하시고, 정산도 한 번도 문제 된 적이 없고요. '돈이 부족하면 부모님께 잠깐 빌리거나, 아르바이트하면서 스스로 버텨야지 우리 회사에 스폰서란 단어는 절대 없다'고 하신 약속을 8년 동안 지키고 계세요. 저도 많이 감동했죠. 활동을 시작하면 "쟤 누가 뒤에서 밀어줘?"라는 이야기가 나와 억울하기도 해요. 배우는 대중에게 보이는 직업이다 보니, 더 꾸미고, 운동도 하고, 수업도 받으며 또래보다 돈을 더 쓰는 편이라 작품을 만나기 전까지는 버는 것보다 나가는 돈이 많죠. 그래서 유혹이 심한 업종일 수 있습니다. 하지만 잠깐 편하다고 인생을 걸고 돈에 투자할 순 없잖아요. 나 자신에게 떳떳하고, 자랑스러울 수 있을지 잘 생각해야 합니다. 바르게 활동하는 연예인들도 정말 많아요.

예비 배우 아카데미

대학 및 관련 학과

국립예술대학교

학교명	학과
한국예술종합학교	연극원 연기과

일반대학교

학교명	학과
가천대학교	연기예술학과
건국대학교	영화·애니매이션학과
경기대학교	연기학과
경성대학교	연극영화학부 연극전공/영화전공/뮤지컬전공
경희대학교	연극영화학과
계명대학교	공연학부 연극뮤지컬전공
국민대학교	공연예술학부 연극영화전공
극동대학교	연극연기학과
단국대학교	공연영화학부 연극전공/뮤지컬전공
대천대학교	방송공연예술학과
대진대학교	연극영화학부 연극전공
동국대학교	연극학부 연극전공/뮤지컬전공
동덕여자대학교	방송연예과
동서대학교	공연예술학부 연극전공/뮤지컬전공

학교명	학과
동신대학교	방송연예학과 뮤지컬·실용음악과
동양대학교	연극영화학과/공연영상학부 연기전공
명지대학교	영화 · 뮤지컬학부 뮤지컬공연전공
목원대학교	TV ·영화학부 연기전공/음악대학 성악뮤지컬학과
배재대학교	연극영화학과
백석대학교	문화예술학부 연기예술전공/뮤지컬전공
상명대학교	공연영상문화예술 학부 연극전공/영화영상전공(천안)
서경대학교	뮤지컬학과 공연예술학부 연기전공/모델연기전공
성결대학교	연극영화학부 연기예술전공
성균관대학교	예술학부 연기예술학과
성신여자대학교	미디어영상연기학과
세명대학교	공연영상학과
세종대학교	영화예술학과
세한대학교	실용음악학부 뮤지컬(방송연기)전공 뮤지컬학과
수원대학교	문화예술학부 연극전공
순천향대학교	공연영상학과 연기전공
숭실대학교	예술창작학부 영화예술전공
신한대학교	공연예술학과 연기전공

학교명	학과
안양대학교	공연예술학과
예원예술대학교	연극영화학과(경기) 뮤지컬학과(전주)
용인대학교	연극학과
우석대학교	공연예술뮤지컬학과(진천)
인천대학교	공연예술학과
인하대학교	연극영화과
전주대학교	공연방송연기학과
중부대학교	공연예술학부 연극영화학전공
중앙대학교	예술대학 연극전공/영화전공/TV방송연예전공
중원대학교	연극영화학과
청운대학교	연기예술학과(홍성) 뮤지컬학과(홍성)
청주대학교	연극학과/영화학과
한세대학교	공연예술학과
한양대학교	연극영화학과
호남대학교	미디어영상공연학과
호서대학교	문화예술학부 연극트랙
호원대학교	공연미디어학부 연기과/뮤지컬과

전문대학교

학교명	학과
경복대학교	뮤지컬(학)과
국제대학교	엔터테인트먼트과
군장대학교	뮤지컬방송연기계열 뮤지컬전공/방송연기전공/무대연기전공
대경대학교	공연예술학부 연극영화전공(남양주)
대덕대학교	연극영상과
동서울대학교	연기예술실용음악과 연기예술전공
동아방송예술대학교	공연예술계열 연극전공/뮤지컬전공/연희연기전공 방송연예계열 연기전공
두원공과대학교	방송연예전공(파주)
명지전문대학교	연극영상학과 연기전공/뮤지컬전공
배제대학교	연극영화과
백제예술대학교	공연영상예술계열 방송연예과/뮤지컬과
부산예술대학교	연극과
서울예술대학교	연기과/연극과/영화과/방송영상과
서일대학교	연극영화학과
수원과학대학교	공연연기과
수원여자대학교	연기영상과
숭의여자대학교	공연예술과
여주대학교	연예뮤지컬연기과

학교명	학과
영산대학교	연기뮤지컬학과(해운대)
용인송담대학교	방송영화제작예술과
인덕대학교	방송연예과 방송연기전공
장안대학교	뮤지컬전공(구 연기영상과)
전남과학대학교	공연예술모델과 모델연기전공
청강문화산업대학교	뮤지컬스쿨
한국영상대학교	연기과
한양여자대학교	실용음악과 가창(뮤지컬)전공
호산대학교	연기과/뮤지컬과

영화/드라마/뮤지컬/연극 주요 용어

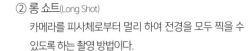 영화/드라마 용어

1. 테이크(Take)

테이크는 편집이 필요한 영화의 기본 단위이다. 예를 들어, 촬영 현장에서 감독의 "레디, 액션!"
으로 촬영이 시작되고, "컷!"으로 촬영이 종료되는데, 이렇게 카메라가 한 번 작동해서 촬영한 화
면을 테이크라고 한다. NG가 발생해서 같은 화면을 반복해서 찍는 경우, 몇 번째 촬영한 것인지
'테이크 1', '테이크 2' 등으로 숫자를 넣어 구분한다. 테이크와 쇼트(shot)는 비슷한 개념이지만 편
집에서 그 차이가 생긴다. 테이크는 쇼트와 달리 영화, 드라마 등 작품에 쓰일 화면 외에 앞, 뒤로
불필요한 장면이 편집되지 않은 상태이다.

2. 쇼트(Shot)

쇼트는 실질적인 촬영의 기본 단위로 생각하면 된다. 테이크가 날 것이라면 쇼트는 다듬어진
화면이다. 모든 편집이 끝나고 영화에 실제로 쓰일 화면이 쇼트가 된다. 일반적으로 1쇼트는
5~15초이다. 90분 정도의 영화 한 편의 쇼트는 평균 600개 정도이다.

- 쇼트(Shot)의 종류

① 익스트림 롱 쇼트(Extreme Long Shot)

대부분 먼 거리에서 찍는 쇼트이다. 가까이에서 찍은 쇼트
를 보여주기 전에, 그 대상들의 공간 관계를 제시하기 때
문에, 상황 설정 쇼트로 주로 쓰인다.

② 롱 쇼트(Long Shot)

카메라를 피사체로부터 멀리 하여 전경을 모두 찍을 수
있도록 하는 촬영 방법이다.

③ 풀 쇼트(Full Shot)

몸 전체를 담는 크기의 쇼트로 동작을 보여주기에 가장
적합하다. 찰리 채플린이 선호한 쇼트이다. 배경보다는
피사체에 더 집중된다.

④ 미디엄 쇼트(Medium Shot)

무릎 쇼트(Knee Shot)와 허리 쇼트(Waist Shot)에서부터
인물을 잡는 기능적 쇼트로서 해설 장면, 움직이는 장면,
그리고 대화 장면을 포착하는 데 유용하다.

⑤ 투 쇼트(Two Shot)

한 화면 안에 두 명의 인물을 잡는 쇼트이다. 프레임 안
에 한 인물만을 포착하면 원 쇼트(one shot), 투 쇼트
(two shot)는 프레임 안에 두 사람을 동시에 포착하는
것을, 쓰리 쇼트(three shot)는 세 사람을 동시에 포착하
는 것을 말한다.

⑥ 오버 더 숄더 쇼트(Over the Shoulder shot)

투 쇼트의 변형으로 한 사람은 등의 일부가 보이고 다른
한 사람은 카메라를 향해 있는 쇼트이다. 한 인물의 어깨
너머로 상대방 모습을 포착한 장면이다. 전경의 어깨가
화면 일부를 가리게 되어 구도의 깊이가 강조된다.

⑦ 클로즈 업 쇼트(Close-up Shot)

사람의 얼굴 정도를 포착, 피사체의 크기를 확대하므로
사물의 중요성을 강조하며, 종종 상징적인 의미 작용을
한다. 인물의 표정을 통해 상황을 인식하게 하거나, 인물
의 감정을 극대화해서 보여줄 수 있다.

3. 신(Scene)

동일 시각, 동일 장소에서 단일 상황(situation), 액션, 대사나 사건이 나타나는 한 장면을 신(Scene)이라고 한다. 예를 들어, 주인공이 조연과 대화하는 신이라면 촬영의 각도, 위치, 촬영 기법에 따라 많은 쇼트가 나오는데, 이 쇼트들이 모여 하나의 신이 된다.

4. 시퀀스(Sequence)

시퀀스(Sequence)는 장소, 시간, 액션의 연속성을 통해 하나의 에피소드가 시작되고 끝나는 독립된 구성단위이다. 한 기준에 맞추어 이야기의 흐름으로 신(Scene)을 묶는 것인데, 그 기준은 인물 중심, 사건 중심, 스토리 흐름 등 다양하다. 예를 들어, 두 사람이 처음 만나기까지, 만나서 사랑에 빠지는 상황까지, 사랑 후 이별까지 등 하나의 상황이 시작돼서 끝나는 곳까지의 장면이 시퀀스가 될 수 있다. 신(Scene)은 시간과 장소의 제약을 받지만 시퀀스(Sequence)는 제약을 받지 않는다.

5. 플래시백(Flashback)

회상을 나타내는 장면을 말한다. 현재 일어나고 있는 사건의 인과를 설명할 때 쓰이기도 하고, 인물의 성격을 설명하기 위해서도 쓰인다. 영화나 드라마에서 주인공이 가지고 있는 트라우마의 원인이 무엇인지 알기 위해 과거 사건이 나오는 장면 등을 떠올리면 된다. 반대로 미래의 상상이나 꿈 등의 장면을 '플래시 포워드(Flashfoward)'라고 한다.

6. 오마주(Hommage)

프랑스어로 '존경'과 '경의'를 뜻하는 용어로서, 영화에서는 영화인의 기술적 재능이나 업적 등에 대한 공을 기리기 위해 주요 대사나 장면을 본 떠 표현하는 연출이다. 영화뿐만 아니라 드라마에서도 오마주를 사용할 수 있다. 예를 들어 OCN 드라마 <신의 퀴즈>에서는 사회적 이슈와 사건의 패러디뿐만 아니라 영화 <엘리펀트맨> 등의 오마주를 선보였다. 오마주와 패러디의 차이를 말하자면, 패러디는 해당 장면이나 대사를 약간 비틀어서 풍자적으로 해석하지만, 오마주는 존경의 표시로 해당 작품을 인용하는 데에 그 차이점이 있다.

 연극/뮤지컬 용어

1. 상수, 하수
객석에서 바라볼 때 무대의 오른쪽을 상수, 무대의 왼쪽을 하수라고 부른다.

2. 업 스테이지(up stage), 다운 스테이지(down stage)
20세기 이전에는 무대의 바닥이 객석을 향해 약간 아래로 기울어져 있었기 때문에, 무대의 앞쪽을 다운 스테이지라 부르고, 무대의 뒤쪽을 업 스테이지라고 불렀다. 현재, 경사가 있는 무대는 거의 없는 편이다.

3. 스페이싱(spacing)
무대를 어떻게 구성하고 활용할 것인지에 대해 연출가, 스태프, 배우 등이 함께 고민하는 작업을 말한다.

4. 테크니컬 리허설(technical rehearsal)

무대 기술 분야(무대 전환, 조명, 음향 등)를 점검하는 리허설이다. 배우도 함께 전체적으로 움직이는 동선, 무대에 들어서고 나가는 타이밍, 조명받는 부분을 체크하고 맞춰보는 시간을 가진다.

5. 넘버링(numbering)

무대의 간격을 알 수 있도록 표시한 번호를 말한다. 객석에서는 보이지는 않지만, 배우 등 출연자는 넘버링을 보고 자신이 어디에 서야 하고, 어느 정도 간격을 맞출지 체크한다.

6. 배우 지칭 용어

① 언더스터디(understudy)

출연 중 또는 출연 예정인 배우가 질병이나 사고, 기타 이유로 출연을 못 하게 되었을 때 대신 그 역을 맡는 배우를 말한다. 원래 캐스팅된 배우가 특별한 문제가 없으면, 언더스터디를 맡은 배우는 공연 내내 한 번도 무대에 서지 못하는 경우도 있지만, 한 번 무대에 서고 반응이 좋으면 계속 무대에 오르기도 한다.

② 스윙(swing)

언더스터디는 정해진 배역만 연습하거나 앙상블 등으로 출연하는 반면, 스윙은 무대 출연을 하지 않지만 모든 배역을 소화할 수 있는 능력을 갖추고 있어야 한다. 항상 무대 옆에서 다른 배역의 역할을 충실히 지켜보며 연습을 하다가 배역의 이동이 생기면 스윙의 역할을 맡은 배우들이 빈자리를 채우게 된다. 장기공연에 반드시 필요한 배우이다.

② 앙상블(ensemble)

앙상블은 '함께'라는 뜻으로, 뮤지컬에서 주요 배역을 맡지 않고 합창이나 군무를 맡은 2명 이상의 배우를 뜻한다. 코러스를 넣어주거나 움직임, 동작 등으로 생동감을 더하는 역할을 맡는다.

방송 연기와 무대 연기, 어떻게 다를까?

❶ 시점의 차이

방송 연기는 카메라를 상대로 연기하기 때문에 관객들과의 직접적인 교류가 없는 반면, 무대 연기는 항상 관객을 의식하면서 연기해야 한다.

일반적으로 드라마와 영화는 카메라 앞에서 하는 연기이다. 배우는 카메라를 대중이라고 생각하고, 카메라를 기준으로 연기해야 한다. 카메라 앵글 안에서만 움직일 수 있기 때문에, 움직임의 제약이 생긴다. 따라서, 카메라의 프레임 안에서 몸의 각을 열고 표정을 잘 보이도록 하는 등의 훈련이 필요하다.

반면, 무대 연기는 방송 연기처럼 카메라의 한 시점을 향하기보다는, 좌측과 우측 그리고 사방에 모두 관객이 있어 카메라 앞보다 더 몸을 열어 연기해야 한다. 몸의 각을 열어서 크고 시원하게 보여줘야 하는 어려움이 있다.

❷ 시간의 차이

드라마와 영화는 배우가 연기하는 시간과 대중이 그 작품을 보는 시간이 다르다. 시청자와 관객은 작품이 제작된 후 하루에서 몇 달, 심지어는 1년여의 시간이 지난 작품을 보게 된다. 따라서 NG 등의 상황을 피하고, 같은 장면이라도 보나 나은 모습과 감정을 보여주기 위해 반복적 연기를 한다. 또한 극의 진행이 순차적으로 촬영되지 못하는 경우가 많다. 장면마다 집중력과 기억력이 필요하다. 예를 들어, 어른 시절 연기를 하다가도, 같은 장소에서 어린 시절의 연기를 해야 할 수도 있다. 오늘 어린 시절 연기에 대한 촬영이 안 끝났다면, 그 이후의 장면을 바로 이어서 찍는 것이 아니라 촬영 날짜에 맞춰서 다른 시간대에 찍어야 하기도 한다. 따라서 전 장면에서 어떻게 연기했는지, 어떤 동작을 했는지 기억해야 한다.

반면, 무대 연기는 배우가 연기하는 시간과 관객이 배우의 연기를 보는 시간이 일치한다. 그렇기 때문에 관객은 더 현장감과 사실감을 느낄 수 있고, 그날의 분위기에 따라 배우의 다른 연기를 볼 수 있다. 또한, 극의 시간의 흐름이 순차적으로 이어지다 보니 현장감이 더해져 연기에 몰입도가 생긴다.

❸ 볼륨의 차이

드라마와 영화에서는 촬영 시 붐 마이크를 통해 소리를 모아 녹음한다. 후반 작업에서 전체적인 사운드 조정을 하기도 하고 음향, 효과, BGM 등을 이용하기 때문에 연기할 때 큰 소리가 필요하지 않다. 카메라나 붐마이크와의 거리가 아닌, 핀 마이크와의 거리를 염두에 두면 되기에 실생활에서 말하는 정도의 크기로 연기해도 무리가 없다.

하지만 무대 연기에서는 뮤지컬이 아닌 이상 마이크를 사용하지 않는 경우가 많다. 별도의 음향 장치 없이 대사를 관객들에게 전달해야 하므로 발성이 중요하다. 또한 극장의 규모에 따라 소리의 크기가 달라진다. 100석 미만의 소극장 무대에서는 적당한 크기의 소리로, 중극장에서는 소극장보다 큰 소리로, 대극장에서는 더 큰 소리로 발성해야 관객에게 전달이 될 수 있다. 중극장이나 대극장에서는 마이크를 사용해 스피커로 소리를 내기도 한다. 정극에서도 대극장일 때에는 와이어리스 마이크를 사용해 스피커로 소리를 내보내고, 뮤지컬에서는 소극장에서부터 와이어리스 마이크를 사용한다.

❹ 공간감과 거리의 차이

방송이나 영화에서는 카메라 앞에서 연기하기 때문에 카메라의 앵글 사이즈에 따라 행동 폭이 정해진다. 카메라 앵글 밖으로 나가지 않는 범위에서의 움직임에 신경 써야 하므로, 오히려 움직임에 제약이 생기는 어려움이 있다.

반면 무대 연기는 방송 연기보다 움직임에 있어 자유롭다. 무대 연기에서는 무대 위 배우와 관객 사이의 거리가 표현의 크기를 결정한다. 소극장에서는 큰 움직임의 표현 없이도 인물의 움직임과 시선의 변화를 잘 관찰할 수 있지만, 극장의 규모가 커질수록 더욱 명확하고 큰 움직임과 시선 처리, 정확하고 큰 발성이 필요하다.

예를 들어, "피곤해?"라는 간단한 대사 하나를 하더라도 차이가 난다. 방송연기는 카메라가 배우의 얼굴을 생생하게 잡아주기 때문에 표정만으로도 대사 전달이 가능하지만, 무대 연기는 관객이 배우의 표정을 자세히 보기가 힘들기 때문에 동작이 따라야 한다.

❺ 형식의 차이

드라마나 영화에서는 주로 사실적인 연기를 한다. PD나 감독의 연출, 편집 등을 통해 많은 것을 전달할 수 있기 때문에 자연스러운 연기를 필요로 한다.

물론, 무대에서도 사실주의 연기를 보여주지만, 그 표현 양식에 따라 의미를 전달하기 위해 표현주의나 상징주의 등을 이용해 움직임과 소리가 과장되게 표현되기도 한다.

배우 오디션 정보 사이트

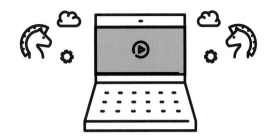

① 필름 메이커스 – www.filmmakers.co.kr

필름 메이커스는 영화와 관련된 오디션 정보가 많이 올라오는 사이트이다. 단편 영화, 독립 장편 영화, 상업 영화, 웹 드라마 등의 오디션 정보를 알 수 있다. 배우뿐만 아니라 스태프 모집도 활성화되어 있다. 게시판을 통해 서로 정보 교류를 하기도 쉽다. 본인의 프로필도 등록할 수 있어, 영화 연기에 관심이 있다면 꼭 체크해야 할 사이트이다.

② OTR(오티알) – www.otr.co.kr

OTR은 공연 포털 사이트로서, 방송과 영화 외에도 공연 분야 오디션 정보가 가장 많이 올라오는 사이트이다. 하루에 수차례씩 연극, 뮤지컬, 영화, 방송에 관한 오디션 정보가 올라오며, 퍼포먼스, 모델 등 모집 분야도 세분되어 있어 더 쉽게 오디션 정보를 찾을 수 있다. 이외에 연습실 대관이나 학원 모집 등의 정보도 확인할 수 있다.

③ 액터잡 – cafe.naver.com/actorjob

배우들에게 많이 알려진 온라인 카페이다. 18세 이상 1만 8천여 명의 회원 모두가 엔터테인먼트 중심에서 활동하는 연기자, 가수, 모델, 매니저들로 구성되어 있어 오디션 정보를 확인할 수 있다. 특히 영화, 연극, 가수 등 오디션의 정보를 한눈에 볼 수 있다. 가끔 비공식 오디션 정보도 공유하는 곳이기 때문에 상당히 유용한 사이트라 할 수 있다. 단점이 있다면, 고급 정보를 얻기 위한 등업 노력이 필요하다는 점이다.

배우를 꿈꾸는 학생들에게 추천하는 영화

[Movie]

라라랜드

<라라랜드>는 꿈과 사랑을 그린 로맨스 뮤지컬 영화이다. 이 영화는 두 남녀 주인공이 서로 사랑하며 자신의 꿈을 향해 나아가는 모습을 담고 있다.

'세바스찬'은 정통 재즈를 살리면서 자신만의 재즈 바를 차리는 꿈을 지니고 있는 재즈 피아니스트다. 도전은 매번 실패했고, 그의 신념과 철학은 고집으로 비친다. '미아'는 배우를 꿈꾸는 배우 지망생이다. 카페에서 아르바이트를 하며 배우가 되기 위한 오디션을 수없이 본다. 면접관들은 미아에게 별다른 관심을 보이지 않고, 여러모로 운이 따라주지 않는다. 좌절을 거듭하던 두 사람은 꿈의 도시 LA에서 우연히 만나게 된다. 그들은 사랑에 빠지게 되고, 서로의 꿈을 응원해주며 꿈을 이루기 위해 함께 노력한다.

이 영화에서 배우를 꿈꾸며 노력하고 도전하는 미아의 모습은 많은 배우 지망생이 배우를 꿈꾸며 수없이 오디션을 보는 모습과 같다. 영화 속 미아의 오디션은 실제로 남자 주인공인 라이언 고슬링이 배우 오디션을 볼 때 있었던 에피소드를 각색했다고 한다. 미아가 1인극을 준비하는 과정에서도, 관객에게 보여줄 것을 기대하며 즐겁게 준비하는 모습과 많은 사람이 보러 와주지 않는 현실 앞에서 힘들어하는 미아의 모습이 대비되어, 꿈을 이루기 위해서는 많은 진통의 과정이 필요함을 보여준다.

쇼콜라

이 영화는 검은 피부를 가진 프랑스 최초의 흑인 광대 '쇼콜라'와 그의 파트너 '푸티트'의 실화를 다루고 있다. '쇼콜라'란 이름은, 초콜릿같이 붉은 적갈색을 뜻하는 프랑스어로, 초콜릿색의 피부를 가진 흑인을 지칭한다. 자신의 본명 대신 피부색을 비유하는 이름으로 달고 살아가야 하는 흑인 광대가 지고 가야 할 삶의 무게를 보여주기도 한다.

변두리 서커스에서 건장한 체격과 검은 피부 탓에 서커스단에서 식인종 역할을 하며 살아가던 쇼콜라는, 퇴물 취급을 받던 광대 '푸티트'의 콤비 제안을 받아들인다. 모두가 실패할 것이라 무시하고 인정해 주지 않았던 그들의 첫 무대는 큰 성공을 이루고, 두 사람은 최고의 권위인 프랑스 파리 누보 서커스단에 스카우트되어 전성기를 누리게 된다. 그러나 그릇된 사회적 관념과 편견은 여전했다. 백인인 푸티트에게 늘 얻어맞고 엉덩이를 걷어차여도 항상 행복한 웃음을 지어 관객을 웃게 만드는 흑인 쇼콜라의 역할은, 당시 유색인종에 대한 편견을 상징하듯 이후에도 변함이 없다.

피부색이 아닌 진정한 예술가로 인정받고 싶던 쇼콜라는 연극 무대, 셰익스피어의 '오델로(Othello)'의 주인공을 꿈꾼다. '오델로'에서 주인공인 오델로는 북부 아프리카 출신의 흑인이지만, 당시에는 흑인이 연극의 주인공이 된다는 것이 상상할 수 없는 일이기에 그동안 오델로 역은 마땅히 백인 대역이어야 했다. 그러나 쇼콜라는 '라파엘 파디야'라는 자신의 본명을 내걸고, 이전에 누구도 해본 적이 없는 '오델로'의 흑인 주인공으로 무대에 오르지만 대중의 반응은 싸늘하다.

이 영화에서는 무대에서 항상 웃고 재밌고 즐거워 보이는 모습과 다른 배우(광대)의 삶의 양면성을 발견할 수 있다. 푸티드는 사람을 웃기기 위해 정작 자신은 웃지 못하고 밤마다 고민하고 울고 구토를 한다. 이는 서커스라는 소재와 어우러져서, 유독 익살스러운 무대 위의 모습과 전체적으로 우울한 무대 뒤의 모습을 대조해 보여준다.

클라우즈 오브 실스마리아

<클라우즈 오브 실스마리아>는 왕년의 잘나갔던 여배우, 마리아 앤더스의 감정을 따라 영화가 진행된다. 마디아는 스무 살 시절, 연상의 상사인 '헬레나'를 유혹해 자살로 몰고 가는 젊고 매력적인 캐릭터 '시그리드' 연기로 단숨에 세계적인 스타가 됐다. 과거에 잘 나갔던 그녀는 주연의 자리에서 조연으로 밀려나는 상황에 배우로서 혼란스러운 시기가 다가온다. 자존심이 허락하지 않는 상황에서, 하필 주인공을 맡은 어린 배우 조앤은 건방지고 도도하다. 자신을 세계적인 스타로 만들어줬던 주인공 역할 '시그리드'에 대한 미련을 못 버리고 조연 역할인 '헬레나'를 맡게 되는 상황에 마리아는 반감을 드러낸다.

마리아 앤더스는 자신의 매니저, 발렌틴과 함께 산에 오른다. 높은 산 위에 올라가서 아래의 구름을 내려다보며 마리아 앤더스는 발렌틴에게 이런저런 이야기를 하게 된다. 젊음을 잃었다는 것을 인정하기 싫어 짜증을 부리던 그녀는 어느 순간 발렌틴도 없이 혼자 앉아있는 자신을 발견하게 된다. 여배우로서의 아름다움, 톱스타의 자존심, 영화계의 화려함을 모두 내려놓은 자신의 모습을 본 그녀는 한결 가벼워진 얼굴로 산에서 내려온다.

이 영화는 '그때는 그럴 수밖에 없었고, 지금은 또 이럴 수밖에 없다'고 받아들이는 주인공의 모습을 통해, 내려놓음이 얼마나 힘들고 어려운 과정인지 보여준다. 그리고 결국 자신을 받아들이는 배우의 모습을 발견할 수 있는 영화이다.

대배우

<대배우>는 웃음, 감동, 재미가 모두 느껴지는 영화이다. '장성필'은 20년째 대학로에서 연극을 하며 아동극 '플란다스의 개'의 파트라슈 역할로 대사 한마디 없는 개 역할에서 벗어날 기미를 보이지 않은 채 생활하고 있다. 극단 생활을 함께했던 선배, '설강식'이 국민배우로 승승장구하는 것을 보며 언젠가 자신도 대배우가 되리라 꿈꾼다. 장성필은 극단 생활을 하며 대리기사를 하고, 아내는 가장의 역할을 대신한다. 생계를 유지하던 아내는 뜻밖의 사고를 당하게 되고, 아들은 아빠의 연기를 사람들에게 보여주고 싶어 자발적으로 대학로에서 호객행위를 한다. 점점 꿈보다는 현실의 무게가 그를 짓누르게 된다.

그러던 중 장성필은 깐느박 감독 작품 신인 배우 모집하는 것을 듣게 되고, 필사적으로 깐느박의 새 작품에 캐스팅되기 위해 노력한 끝에 그 기회를 잡게 된다. 하지만 무대 연기와 다른 방송 연기에 집중하지 못하고, 자신의 연기에 불안감을 느껴 자신을 학대하면서까지 욕심을 부린다.

이 영화에서 꿈을 위해 노력하지만, 현실의 무게로 힘들어하는 배우의 모습을 간접적으로 느낄 수 있다. 배우들의 무명생활의 힘든 모습과 그 꿈을 포기하지 않고 달려나가는 장성필의 모습을 보며 우리는 응원하게 된다. 흔히 하고 싶은 것을 하며 살아가는 사람들의 인생은 행복할 것만 같지만, 그 대가가 공존함도 발견할 수 있다. 우리가 상상하는 화려한 배우의 모습은 극히 일부분이다. 대부분의 배우는 '돈 버는' 것과는 거리가 멀다.

하지만 현실 속의 힘듦을 이겨내는 것은 그 꿈이, 하고 싶은 일이 더 달기 때문이 아닐까?

여배우는 오늘도

이 작품은 배우 문소리가 감독, 각본, 그리고 주연을 모두 맡은 작품으로, 1, 2, 3막으로 구성된 옴니버스 형식의 영화이다. "트로피는 많고 배역은 없다?!"는 포스터 문구에서 말해주는 것처럼, 데뷔 18년 차 배우 문소리의 여배우로서의 고단한 삶을 보여주는 작품이다.

<여배우는 오늘도>는 해외 영화제에 진출할 만큼 출중한 연기력을 가지고 있고, 연기파 배우라는 타이틀과 많은 트로피를 얻었지만, 정작 맡고 싶은 배역의 캐스팅은 없는 18년 차 중견 여배우의 현실을 담았다. 원하는 배역은 들어오지 않고, 대학생 아들을 둔 정육점 주인 역 등 강한 이미지의 배역만 들어오는 현실 속에서, 여배우로서 외모와 매력에 대해 끊임없이 고민한다. 하지만 배우는 보이는 직업이다 보니, 대중들을 만날 때, 끊임없이 의식하며 이미지 관리를 해야 하고, 화를 내고 싶은 상황에도 참아야 한다.

하지만 화려한 삶 이면에는 은행에서 신용대출을 받고, 시어머니 병간호를 하고, 엄마의 임플란트를 반값에 해준다는 말에 치과에 가서 홍보 사진을 찍어주는 모습이 있다. 여배우는 오늘도 배우, 엄마, 며느리, 아내 등 워킹맘으로서 여러 역할을 해내고 있다. 이 영화를 통해 배우의 이면, 그리고 편견과 부딪히고 나아가는 모습을 볼 수 있는 작품이 될 것 같다.

생생 인터뷰 후기

어린 시절에는 그저 공부를 잘해야 하고, 무조건 대학교에 가야 하는 줄만 알았다. 진작 겪었어야 할 사춘기를 대학에 진학하고 나서 뒤늦게 겪었다. '내가 정말 하고 싶은 게 무엇일까?', '나는 어떤 길로 가야 할까?' 깊이 고민한 끝에 과감하게 새로운 진로를 택했다. 남들보다 늦은 결정일지도 모른다. 하지만 더 늦기 전에 하고 싶은 일을 해보기로 했다. 나와 비슷한 고민을 하는 학생들에게 이 책이 조금이라도 도움이 되었으면 좋겠다.

배우 김현숙 님

조심스러운 마음으로 인터뷰를 제안드렸을 때, 김현숙 배우님은 "좋은 일 한다"며 흔쾌히 수락을 해주셨다. 함께 발레 수업을 들은 후 근처 카페에서 인터뷰를 했다. 김현숙 배우님은 여전히 배움에 대한 열정이 있고, 제자 양성에도 뜻이 있으신 분이다. 인터뷰할 때도 학생들뿐만 아니라 후배 배우에게까지 현실적이고 따뜻한 조언들을 많이 해주셨다. 질문을 던지기도 전에 적극적으로 이야기해주시는 모습에서, '인터뷰를 위해 참 많이 준비하셨구나' 생각하며 그분의 평소 성실한 모습을 엿볼 수 있었다. 베테랑 배우임에도 여전히 공부하시는 김현숙 배우님의 모습은 큰 자극이 되었다.

배우 박철민 님

드라마와 영화 촬영 등으로 바쁜 스케줄에도 불구하고 인터뷰에 응해주셔서 감사했다. 박철민 배우님을 만나 인터뷰를 진행하는 내내, 그동안 방송에서 보아왔던 것처럼 편안한 느낌을 받았다. 박철민 배우님은 말씀하실 때 묘사나 비유를 많이 사용하셨다. 평소 연기에 대해 연구를 많이 하고 계신다는 걸 느낄 수 있었다. '이런 과정을 통해 실감 나는 애드리브를 만드시겠구나' 하는 생각이 들었다. 박철민 배우님의 연기에 대한 신념, 배우를 꿈꾸는 학생들이 가져야 할 자세 등에 대해 진지하게 나눠주신 것에 감사한다.

배우 오용 님

오용 배우님이 출연하신 연극 〈인간〉을 관람한 뒤, 근처 카페에서 인터뷰를 했다. 2회 공연을 마치신 후라 많이 피곤하셨을 텐데도, 친절히 인터뷰해주셨다. 오용 배우님과의 인터뷰는 저자의 첫 인터뷰였다. 저자의 진행이 서툴고 매끄럽지 못했음에도, 성심성의껏 자신의 삶을 나눠주셨다. 아낌없이 내어주시는 좋은 말씀 덕분에 인터뷰는 예상했던 시간보다 길어졌다. 오용 배우님이 보여주신 배려와 존중에 다시 한번 감사드린다.

배우 이승조 님

이승조 배우님과는 원래 친분이 있는 사이다. 그분의 커리어 패스를 잘 알고 있었기 때문에, 연기를 전공으로 하지 않은 학생들에게 큰 도움이 될 것 같아 인터뷰를 요청드렸다. 시원시원한 성격처럼, 진로를 결정할 때도 화끈했던⑦ 이야기를 들을 수 있었다. 이승조 배우님은 우연한 기회로 뮤지컬을 시작하게 됐지만, 의기소침하지 않고 자신감을 가졌다. 주어진 기회에 최선을 다하며, 부족한 부분은 열심히 채워나갔다. 이 책을 읽는 학생들도 주어진 기회를 놓치지 않고 붙잡을 수 있는 용기를 배우길 바란다.

배우 정다솔 님

한지우 배우님의 소개로 정다솔 배우님을 만나게 되었다. 연락할 때마다 늘 친절하고 상냥하게 받아주신 정다솔 배우님과의 인터뷰 속에서는 긍정적이고 맑은 에너지가 그대로 전해졌다. 자기 일을 사랑하고, 여전히 꿈꾸는 배우의 모습이었다. 부상으로 어려움을 겪었지만 용기 내 꿈을 향해 나아가는 모습을 보며 꿈에 대한 열망, 도전의식, 열정을 느낄 수 있게 해주심에 감사드린다.

배우 한지우 님

한지우 배우님은 왠지 '새침할 것 같다'는 이미지를 막연히 갖고 있었다. 처음엔 인터뷰를 잘 할 수 있을지 걱정하기도 했는데, 기우였다. 이 책의 취지를 듣고 적극적이고 열정적으로 인터뷰에 참여해주셨다. 자신이 진로를 고민하던 시절에도 이런 책이 있었다면 참 좋았을 것 같다며 초롱초롱한 눈빛을 보내주셨다. 한지우 배우님 덕분에 긴장이 서서히 풀어지며 편안한 분위기에서 인터뷰를 진행할 수 있었다. 인터뷰 내내 늘 밝고 긍정적인 모습이 인상에 깊이 남았고, 그동안 개인적으로 고민하고 있던 문제에 대해서도 용기를 얻을 수 있었다.

    인터뷰를 통해 배우의 이야기를 아낌없이 나누어 주신 여섯 분께 진심으로 감사의 인사를 전한다.